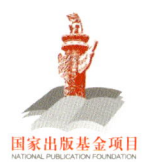

『十四五』国家重点图书
国家重大出版工程

中国国家人文地理

海南

三亚

《中国国家人文地理》编委会 编

国家出版基金项目
NATIONAL PUBLICATION FOUNDATION

中国地图出版社·北京

图书在版编目（CIP）数据

三亚 /《中国国家人文地理》编委会编 . -- 北京：中国地图出版社，2023.9
（中国国家人文地理）
ISBN 978-7-5204-3509-3

Ⅰ．①三… Ⅱ．①中… Ⅲ．①三亚市－概况 Ⅳ．① K926.63

中国国家版本馆 CIP 数据核字（2023）第 180092 号

三亚（中国国家人文地理）
SANYA（ZHONGGUO GUOJIA RENWEN DILI）

出版发行	中国地图出版社			
社　　址	北京市白纸坊西街3号	邮政编码	100054
电　　话	010-83543926	网　　址	www.sinomaps.com
印　　刷	北京时尚印佳彩色印刷有限公司	经　　销	新华书店
成品规格	185mm×250mm	印　　张	13.5
字　　数	208千字		
版　　次	2023年9月第1版	印　　次	2023年9月第1次印刷
定　　价	158.00元		

书　　号	ISBN 978-7-5204-3509-3
审图号	GS（2020）1031号

如有印装质量问题，请与我社发行部联系

《中国国家人文地理》编辑委员会

总 顾 问：孙家正　第十一届全国政协副主席
顾　　问：吴良镛　中国科学院院士、中国工程院院士
　　　　　柳斌杰　第十二届全国人大教科文卫委员会主任委员
　　　　　王家耀　中国工程院院士
　　　　　陆大道　中国科学院院士
　　　　　单霁翔　故宫博物院原院长
　　　　　潘公凯　中央美术学院教授、著名艺术家
　　　　　唐晓峰　北京大学教授
主　　任：王广华　自然资源部部长
副 主 任：王春峰　自然资源部原党组成员
　　　　　范恒山　国家发展改革委原副秘书长
执行主任：王宝民　中国地图出版集团董事长
　　　　　温宗勇　北京城市学院副校长
委　　员（按姓氏笔画排序）：
　　　　　吕敬人　清华大学教授
　　　　　华林甫　中国人民大学教授
　　　　　李永春　自然资源部地理信息管理司司长
　　　　　李瑞英　中央广播电视总台电视播音指导
　　　　　宋超智　中国测绘学会理事长
　　　　　张拥军　中央网信办网络综合治理局局长
　　　　　陈胜利　文化和旅游部中国数字文化集团总编辑
　　　　　陈洪宛　国家发展改革委财政金融和信用建设司司长
　　　　　陈德彧　民政部区划地名司副司长
　　　　　武文忠　自然资源部总规划师
　　　　　武廷海　清华大学教授
　　　　　周尚意　北京师范大学教授
　　　　　凌　江　生态环境部综合司督察专员
　　　　　黄贤金　南京大学教授
　　　　　鲁西奇　复旦大学教授

《中国国家人文地理》海南省编纂指导委员会

主　　任：王　斌　海南省委常委、宣传部部长

副 主 任：张　军　海南省委宣传部常务副部长
　　　　　蒋建民　海南省委宣传部副部长
　　　　　梅国云　海南省作家协会主席

委　　员（按姓氏笔画排序）：
　　　　　王　军　王冬梅　王敏英　王献军　孔　见
　　　　　刘　逸　杨　武　陈　良　林广臻　赵　牧
　　　　　施祖送　秦武军　符秀容　蒙乐生　詹贤武
　　　　　蔡　葩

《中国国家人文地理·三亚》编辑委员会

主　　任：周春华　三亚市委常委、宣传部部长
副 主 任：张红艳　三亚市委宣传部常务副部长
　　　　　朱红伟　三亚市委宣传部副部长
　　　　　张志群　三亚市委宣传部二级调研员
　　　　　梁定会　三亚市政协文化文史和学习委员会主任
　　　　　刘　逸　三亚分卷指导专家
委　　员：蔡　葩　林　辉　张　晨　王菲菲　全　妍
　　　　　庞小虎　陈忠平　曾　宇　赵溢文　何海英
　　　　　孙孟强　潘嫦英　曲　环　王少鹏　刘万祥
　　　　　陈　富　薛军生　孙令辉　陈一夫　吴小琳
　　　　　卢海容　郑聪辉　梅开志　符策君

《中国国家人文地理》编辑部

主　　任：陈　平　徐根才
执行主任：陈　宇　卜庆华
编　　辑：方　芳　赵　迪　苏文师　张　娴
　　　　　高红玉　周秀芳　周怡君　孙　竹
　　　　　张宏年　董　明　甄艺津

《中国国家人文地理》战略合作：
北京市测绘设计研究院

《中国国家人文地理·三亚》编辑部

主　　任：王　康
成　　员：田小雨　蔡佳明　彭莉霞　李跃龙
　　　　　李文华　姚钧伦　吴时辉　符良光
　　　　　吴燕飞　曾　红　赵俊冉　彭国益
　　　　　文彩珍　冯进钰　赵云娇　曾芬芬
　　　　　陈建军　林丽婉

目 录

- 1　总序
- 3　序
- 6　三亚名片
  - 6　天涯海角
  - 8　度假天堂
  - 10　东方夏威夷
  - 12　魅力鹿城
  - 14　开放创新的海南自贸港标杆城市
  - 16　美丽三亚　浪漫天涯

- 001　三亚概况
  - 002　地理位置
  - 002　行政区划
  - 004　地形地貌
  - 005　气候
  - 006　人口民族
  - 007　经济
  - 012　交通
  - 013　旅游
  - 014　资源与环境

018　自贸港定位

021　三亚春秋
024　历史概况
030　北风南来
036　边城三亚
040　梅山烽火

045　文化遗珍
046　崖州古城
052　崖城古村
056　鳌山书院
060　崖州民风

079　鹿城风光
080　请到天涯海角来
090　琼崖第一名胜地
098　"南海情山"鹿回头
102　珍稀珊瑚栖息地
104　南海佛山福泽处

111　度假天堂
112　亚龙湾度假区
118　海棠湾度假区

126　三亚湾度假区

135　物产美食
　　136　海洋馈赠
　　142　天然温室
　　146　珍馐美味

163　海南自贸港建设中的三亚
　　164　自贸港建设稳步推进
　　166　经济高质量发展迈出新步伐
　　168　脱贫攻坚目标任务全面完成
　　170　生态文明建设成效显著
　　172　民生福祉持续增进

175　"十四五"发展蓝图
　　176　加快形成高水平开放格局
　　178　加快构建现代产业体系
　　180　加快推进文明城市建设
　　182　加快建设国家生态文明示范市
　　184　加快提升人民生活品质

186　附录

总 序

《周易》曰："观乎人文，以化成天下""仰以观于天文，俯以察于地理，是故知幽明之故"。察地理、观人文，体现的是中华民族对自然环境和社会人文的关注，是道法自然与教化天下的情怀。

中华民族有5000多年连绵不断的文明史，而承载中国历史文化的地理空间是广袤复杂的。在一个辽阔的地域上，由于地理环境、人群构成、社会历史发展进程的不同，自然、经济、人文、社会等诸方面存在着明显的地域差异，也孕育了不同特质、各具特色的地域景观。

中国是一个统一的多民族国家，中华文化是丰富多彩又浑然一体的文化。一方水土养一方人，一方水土孕育一方文化，一方文化影响一方经济、造就一方社会。不同个性特质、各具鲜明特色的地域文化，不仅是源远流长的中华文化的有机组成部分，也是中华民族的宝贵财富。地域文化的发展既是地域经济社会发展不可忽视的重要组成部分，又是地方经济社会发展的窗口和品牌，已成为增强地域经济竞争能力和推动社会快速发展的重要力量。

这套《中国国家人文地理》丛书，以地级行政区域为地理单位，从时间和空间两个维度，以历史为线索，以地理为载体，权威、立体、详细地展现地域的历史文化、人文资源、地理国情、生态环境以及经济社会发展，并归纳提炼出特色地域文化，打造城市名片，可以称得上是一部区域的"百科全书"，对提升城市软实力，扩大对外影响力，助推地方经济和社会发展具有重要意义。其实，这套丛书的意义远远超出地理区域，它展示和讲述的虽然只是一个个具体的局部，但它为人们提供了一个个不同的视角、一个个不同的出发地，让人们多角度地去认识一个多元一体化的伟大国度，从而生动具体地领略它的包容博大、多姿多彩、生机勃勃。正因为如此，这套丛书绝非地域推介的集成，而是一套从个性出发，了解我们国家全貌、民族完整历史的教科书。丛书将文字、图片、地图、信息图表相融合的设计，为传统的图书注入了新的视觉体验，以雅俗共赏的方式将中华文化和各地人文地理的精华呈现给社会大众，为读者带来了一份精彩的文化大餐。

这套丛书从策划到执行，都得到了中央、国家有关部委和地方各级政府的大力支持，并已列入"十三五""十四五"时期国家重点出版物出版专项规划和国家重大出版工程，这体现了国家对它的认可和重视。丛书的出版，必将充分发挥出版记录历史、传承文明、宣传真理、普及科学、资政育人的功能，为弘扬中华优秀传统文化，增强中华文化软实力，扩大中华文化影响力，建设社会主义文化强国作出重要贡献，并为中华文化走出去提供助力。

编撰《中国国家人文地理》丛书是新时代文化领域的一件大事。因此，我欣然为这套丛书作序，并相信全国将会有更多的城市陆续参与到这一大型图书工程中来，共同讲好中国故事，传播好中国声音，凝聚中国力量，建设美丽中国，为中华文化增色添彩。

第十一届全国政协副主席

孙家正

序

三亚位于海南岛南端，东邻陵水黎族自治县，西接乐东黎族自治县，北毗保亭黎族苗族自治县，南临南海。三亚历史悠久，源远流长，人杰地灵。1992年10月至次年11月，在三亚境内的落笔洞里，考古学家发现了1万年前的三亚人遗址，这是目前已知海南岛最早的人类居住遗址，也是迄今为止发现的我国旧石器时代文化分布最南的一处遗址，它把海南有人类活动的历史提前了2000年至3000年。

早在西汉元封元年（公元前110年），三亚就已被纳入中央王朝的管辖。因其远离帝京、孤悬海外，自古以来三亚又被称为"天涯海角"，但溯自隋、唐以来的1400年间，它与中原地区在政治、经济、文化等各个方面的联系从未中断。它曾是隋朝谯国冼太夫人的"汤沐邑"，唐朝和尚鉴真漂流登岸和传道讲经之地，唐、宋两代7位名相、名臣的被贬地。中原衣冠人物之南来，客观上在当地起到了敷扬教化的作用，留下了诸多历史悠久的人文胜迹，沉淀了三亚灿烂的历史文化基础。据历史考究，延及宋、元、明朝时期，三亚的经济得以初步发展，棉纺技术在全国居于领先地位，黄道婆早年向本地黎族妇女学纺织技术的故事就是历史的见证。明朝时期，还涌现出了"琼州三星"之一的岭南巨儒钟芳。三亚非物质文化遗产资源丰富且分布广泛。黎族打柴舞和崖州民歌于2006年入选国家级非物质文化遗产名录，黎族原始制陶技艺等7个项目分别于2007年和2009年入选省级非物质文化遗产名录，钻木取火等11个项目入选市级非物质文化遗产名录。

三亚地理环境极为独特，是国内唯一一个可以同时领略热带雨林和海洋风光的城市。三亚三面环山，形成环抱之势，山、海、河三种美景自然融合，众多山头也提供了眺望大海、河湾和城市景观的制高点。海水清澈、能见度高，水温适中，全年适合游泳；三亚市区有三亚东河、西河两条河流穿城而过，两岸自然生长的红树林绿影婆娑，四季常青，生机盎然，是著名的白鹭栖息之地。美丽的自然风光，优良的生态环境，使三亚成为人居、旅游、度假的美丽天堂。

自1987年升为地级市以来，三亚努力克服不利因素，紧紧抓住机遇，已逐步从一个边陲小城成长为国内外知名的现代化热带滨海城市。特别是2018年以来，三亚以习近平新时代中国特色社会主义思想为指导，全面贯彻党的二十大精神，深入学习贯彻习近平总书记关于海南工作的系列重要讲话和指示批示精神以及中央12号文件、中央8号文件精神，深入贯彻新发展理念、积极融入新发展格局、全力推动高质量发展，着力打造开放三亚、创新三亚、绿色三亚、诚信三亚、幸福三亚、清廉三亚。

中共三亚市委宣传部
2023年1月

三亚名片

天涯海角

"天涯藐藐,地角悠悠,言面无由,但以情企。"南朝陈武帝在给岭南豪酋的书信中,首次将"天涯""地角"连在一起使用。清雍正五年(一七二七年),崖州知州程哲在一块岩石上题下"天涯"二字,民国时期王毅再在石上题写"海角"二字,"天涯海角"最终才落址三亚,成为三亚最为贴切的物质文化载体并名扬天下。这一特定的文化地理概念,为三亚增添了别样情怀,人文气息和浪漫色彩,成为三亚不可或缺的名片。

度假天堂

三亚,阳光的城市,度假的天堂。亚龙湾、大东海、三亚湾、海棠湾这四大海湾是三亚主要的滨海胜地。蜈支洲岛、西岛则是潜水爱好者的水下乐园。阳光、沙滩、海浪、椰树,四季风过处自有瓜果飘香。浓郁的热带风情,纯朴的民风民情,开放的移民城市,交织成一曲华丽的华尔兹,风情万种,令人流连。

东方夏威夷

三亚拥有迷人的风景带,四季如春,鲜花盛开,素有「东方夏威夷」之称,堪称中国最美的旅游城市之一。滨海风光是三亚青春的面容,热带雨林则是三亚野性魅力的展现。三亚拥有众多人文古迹,南山寺、大小洞天、天涯海角、鹿回头风景区、崖州古城等,焕发出古老而年轻的气质,耐人寻味。

魅力鹿城

三亚境内山峦连绵，南山和鹿回头岭家喻户晓，南山被视为佛教福地，鹿回头岭被誉为南海情山。鹿回头风景区内的鹿回头雕塑被当成三亚的城市标志和名片，三亚市也因此被人们称为"鹿城"。在三亚，奇山异石与碧海蓝天相映，美丽传说与厚重历史相伴，国际理念与本土特色相融，"鹿城"散发着独一无二的魅力。

开放创新的海南自贸港标杆城市

三亚市紧紧围绕海南"三区一中心"战略定位，准确把握海南省委突出抓好"一中心、一城、一区、三重点（国际旅游消费中心、崖州湾科技城、三亚中央商务区和民生、生态、社会治理）"工作要求，充分发挥区位优势、环境优势、资源优势、政策优势，立足新发展阶段，贯彻新发展理念，主动融入和服务构建新发展格局，加快打造充满活力魅力的世界级滨海旅游城市、开放创新的海南自贸港标杆城市和宜居宜业的民生幸福城市。

美丽三亚 浪漫天涯

三亚三面环山，山、海、河三种美景自然融合，在这里可同时领略热带雨林与海洋风光。这里海水清澈，能见度高，水温适中，全年适合游泳。三亚东河、西河两条河流穿城而过，两岸自然生长的红树林绿影婆娑，四季常青，生机盎然；是著名的白鹭栖息地。美丽的自然风光，优良的生态环境，使三亚成为人居、旅游、度假的浪漫天涯。

三亚在海南岛的位置示意图　　　　海南省在中国的位置示意图

三亚概况

> 地理位置
> 行政区划
> 地形地貌
> 气候
> 人口民族
> 经济
> 交通
> 旅游
> 资源与环境
> 自贸港定位

三亚市陆地面积
约 1918 平方千米

地理位置

三亚市位于海南岛南部，地跨东经 108°56′30″~109°48′28″、北纬 18°09′34″~18°37′27″，陆地东西长 91.6 千米，南北宽 51.75 千米，陆地面积约 1918 平方千米。三亚东邻陵水黎族自治县，西接乐东黎族自治县，北毗保亭黎族苗族自治县，南临南海。

行政区划

三亚市辖海棠、吉阳、天涯、崖州 4 个行政区。

003 三亚概况

三亚市示意图

图例：
- ◎ 三亚市 地级行政中心
- ● 天涯区 县级行政中心
- ------ 地级界
- ------ 县级界
- ——— 高速公路
- ——— 高速铁路
- ——— 铁路
- ——— 国道
- ——— 省道
- ～～～ 河流、湖泊

标注地点：崖州区、天涯区、吉阳区、海棠区、三亚市、三亚港、榆林港、亚龙湾

三亚城市风貌

大海中的蜈支洲

地形地貌

　　三亚地区的地质构造为褶皱构造和断裂构造。三亚市的地貌，北高南低，北面环山，南面临海，从北至南分布着山地、丘陵、台地、河流、谷地、平原等地形。地形构成为：山地占33.4%；丘陵占26.2%；台地占15.5%；谷地占2.6%；阶地平原占23.3%。全市形成北部山地，东部平原、丘陵，西部丘陵、阶地平原3种地貌。海岸线长263.29千米，有大小港湾19个，主要岛屿68个。主要港口有三亚港、榆林港、南山港、铁炉港、六道港等。主要海湾有三亚湾、海棠湾、亚龙湾、崖州湾、大东海湾、月亮湾等。

山地占 **33.4%**
丘陵占 **26.2%**
台地占 **15.5%**
阶地平原占 **23.3%**
谷地占 **2.6%**

三亚——四季皆宜的海滨城市

气候

　　三亚属热带海洋性季风气候，光、温、水等气候资源丰富。气候基本特点为：四季不分明，夏无酷热，冬无严寒，气温年较差小，年平均气温较高；干季、雨季明显，冬春干旱，夏秋多雨以及受热带气旋影响较多；风雨灾害频繁。全市年平均降水量1417.5毫米，5—10月份降水量占全年降水量的90%，为雨季，11月至次年4月降水量仅为全年降水量的10%，为干季。全市年平均气温26.1℃，最冷月1月份的平均气温22.1℃，最热月6月份的平均气温29.1℃，没有严重低温。全市年平均日照时数2524.2小时。

三亚 气候特点

夏无酷热

冬无严寒

雨季明显

冬春干旱

2524.2 小时
年平均日照时数

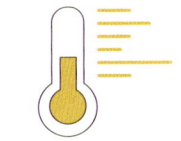

三亚年平均气温为
26.1℃

人口民族

根据第七次全国人口普查结果显示，三亚市常住人口突破 100 万，达 1031396 人；与 2010 年第六次全国人口普查的 685408 人相比，增加 345988 人，增长 50.48%，年平均增长率为 4.17%。城镇人口比重 70.28%。少数民族除黎族外，还有回族、苗族、壮族等。汉族人口数量占总人口的 60.3%，黎族人口数量占总人口的 36.2%。

70.28%
三亚常住人口城镇化率

汉族人口数量占总人口的
60.3%

黎族人口数量占总人口的
36.2%

回族、苗族、壮族等其他少数民族人口数量占总人口的
3.5%

身着民族服饰的苗族姑娘

经济

2020年三亚市GDP 695.41亿元，按可比价格计算，比上年增长3.1%。其中，第一产业增加值79.16亿元，增长2.2%；第二产业增加值113.30亿元，增长3.0%；第三产业增加值502.95亿元，增长3.2%。三次产业结构比例为11.4∶16.3∶72.3。全市居民人均可支配收入34642元，同比名义增长4.6%，城镇常住居民人均可支配收入40547元，同比名义增长3.2%；农村常住居民人均可支配收入18389元，同比名义增长8.0%。

2020年三亚市GDP
695.41亿元

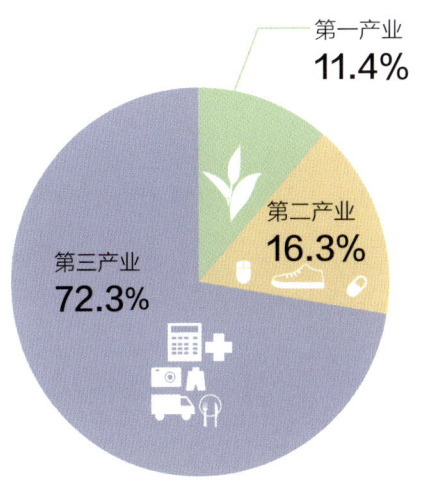

第一产业 **11.4%**
第二产业 **16.3%**
第三产业 **72.3%**

全市居民人均可支配收入 **34642**元
同比名义增长 **4.6%**

城镇常住居民人均可支配收入 **40547**元
同比名义增长 **3.2%**

农村常住居民人均可支配收入 **18389**元
同比名义增长 **8.0%**

三亚市2020年三次产业结构比例

三亚市2020年三次产业增加值

第一产业	第二产业	第三产业
增加值 79.16亿元 ↑2.2%	 增加值 113.30亿元 ↑3.0%	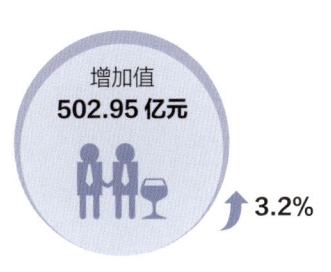 增加值 502.95亿元 ↑3.2%

农业

全年农林牧渔业总产值121.00亿元，按可比价格计算，比上年增长2.7%。其中，农业产值77.95亿元，增长4.2%；牧业产值11.84亿元，下降20.5%；林业产值3.53亿元，增长10.6%；渔业产值21.14亿元，增长6.4%；农林牧渔服务业产值6.54亿元，增长9.2%。

全市农业总产值	农业产值	牧业产值	林业产值	渔业产值	农林牧渔服务业产值
121.00亿元	77.95亿元	11.84亿元	3.53亿元	21.14亿元	6.54亿元
↑2.7%	↑4.2%	↓20.5%	↑10.6%	↑6.4%	↑9.2%

丰收之歌

科技城客厅

工业

2020年,三亚市规模以上工业企业总产值79.52亿元。从主要工业产品产量来看,商品混凝土产量500.46万立方米,同比增长17.0%。

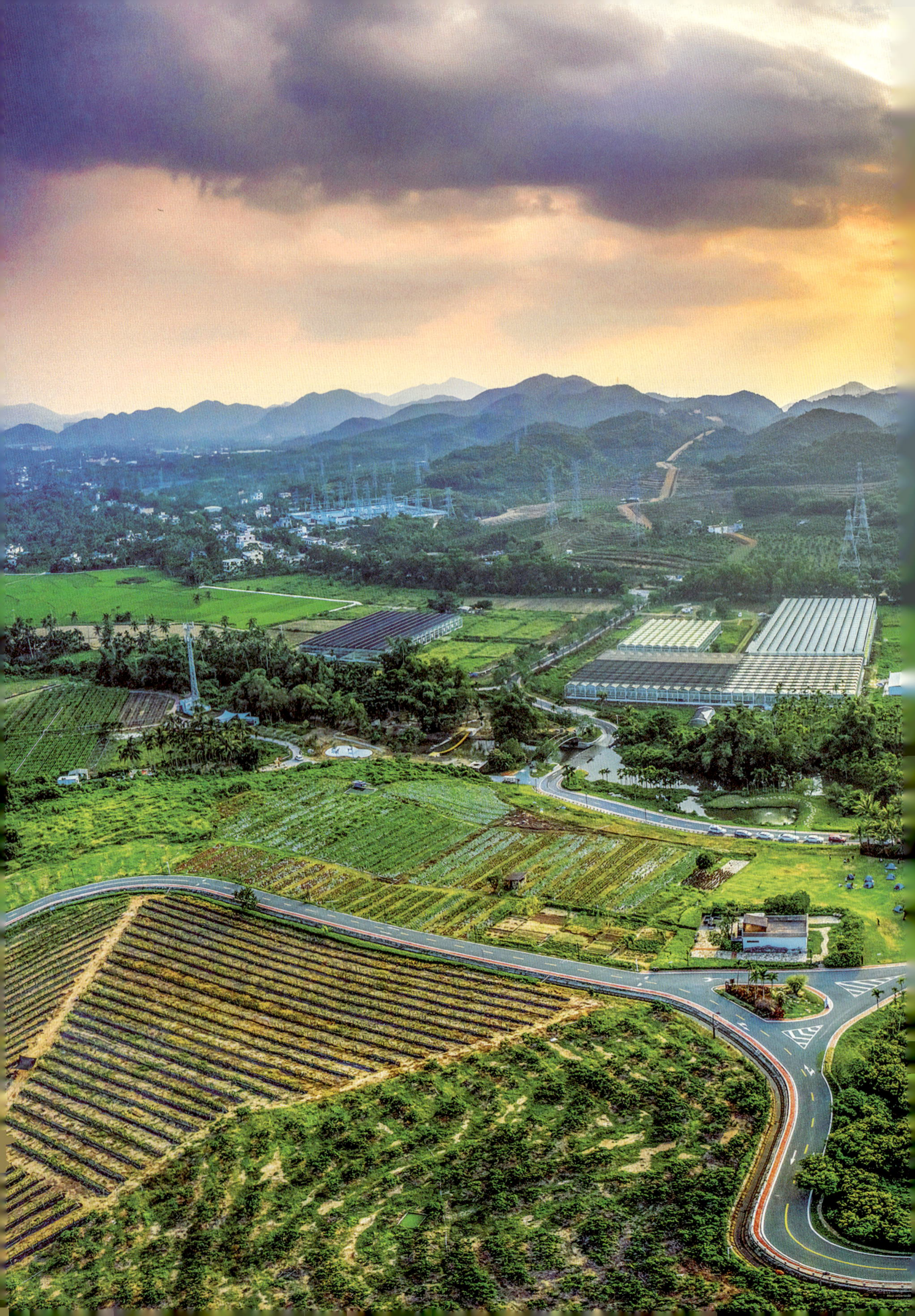

美丽田野

交通

海南环岛铁路设亚龙湾站、三亚站、凤凰机场站、崖州站。三亚凤凰机场截至 2019 年 4 月，共开通国内外航线 104 条、通航城市 93 个。

共开通国内外航线
104 条

通航城市
93 个

旅游

2020年，三亚市接待过夜游客1714.41万人次，其中，国内过夜游客1699.00万人次，过夜入境游客15.41万人次；旅游总收入424.74亿元，其中，国内过夜旅游收入417.73亿元；过夜旅游外汇收入10157.51万美元。凤凰机场飞行航班106454班次，机场旅客吞吐量1541.28万人次。

接待过夜游客
1714.41万人次

旅游业总收入
424.74亿元

凤凰机场国际航站楼

资源与环境

土地总面积
192150.71 公顷

金属矿产

土地资源

2019年，三亚市土地总面积192150.71公顷。其中，山地64074公顷，丘陵48343公顷，台地34722公顷，平原44936公顷，其他75.71公顷。

矿产资源

三亚市矿产资源以种类较多、储量规模偏小为主要特征，不过热矿水和建筑用石料矿种除外。2019年，全市已探明矿产资源分金属矿产、非金属矿产和水气矿产3大类，计24种。其中，金属矿产有铁、锰、钛、铜、铅、

锌、钼、金、银、锆等 10 种；非金属矿产有磷、压电水晶、熔炼水晶、水泥用灰岩、建筑用砂、砖瓦用黏土、水泥配料用黏土、水泥用辉绿岩、饰面用辉绿岩、饰面用辉长岩、饰面用花岗岩、建筑用花岗岩等 12 种；水气矿产有热矿水和矿泉水。

非金属矿产

水气矿产

生态资源

三亚市森林面积 13.4 万公顷，森林覆盖率达 69%，其中封山育林、护林 6.5 万公顷，森林蓄积量 758.5 万立方米，有热带树种 1000 多种，经济价值较高的有坡垒、无翼坡垒（铁棱）、铁力木、子京、海南花梨、陆均松、荔枝木等 500 多种。三亚市甘什岭无翼坡垒自然保护区隶

森林覆盖率达 69%

宜居三亚

国家一级保护野生动物——鹿

属甘什岭省级自然保护区，面积 1529.6 公顷。三亚山区是岭南药物的宝库，李时珍在《本草纲目》中所述及的岭南药物，几乎都可在林区觅取。在大片热带雨林中栖息着 300 多种珍禽异兽，其中鹿被列为国家一级保护野生动物。

三亚市海域广阔，是全国海洋大市之一。海岸线约占海南省海岸线的 15%。三亚渔场面积约 1.6 万平方千米，

松鼠跃枝头

盛产红鱼、马鲛鱼、鲳鱼、海参、龙虾、鱿鱼、大珠母贝等40多种优质海产品，是中国发展海洋捕捞和海水养殖的黄金海域。每年有3000多艘渔船汇集三亚捕鱼。三亚海滩资源丰富，滩涂面积约1800公顷，海水养殖品种主要有对虾、鲍鱼、石斑鱼、珍珠、螃蟹等，产品远销内地和港澳地区市场。

发展海洋捕捞

白鹭戏水

自贸港定位

三亚市紧紧围绕海南"三区一中心"战略定位,准确把握海南省委突出抓好"一中心、一城、一区、三重点(国际旅游消费中心、崖州湾科技城、三亚中央商务区和民生、

生态、社会治理)"工作要求,充分发挥区位优势、环境优势、资源优势、政策优势,立足新发展阶段,贯彻新发展理念,主动融入和服务新发展格局,加快打造充满活力魅力的世界级滨海旅游城市,开放创新的海南自由贸易港(以下简称"自贸港")标杆城市和宜居宜业的民生幸福城市。

静谧的游艇码头

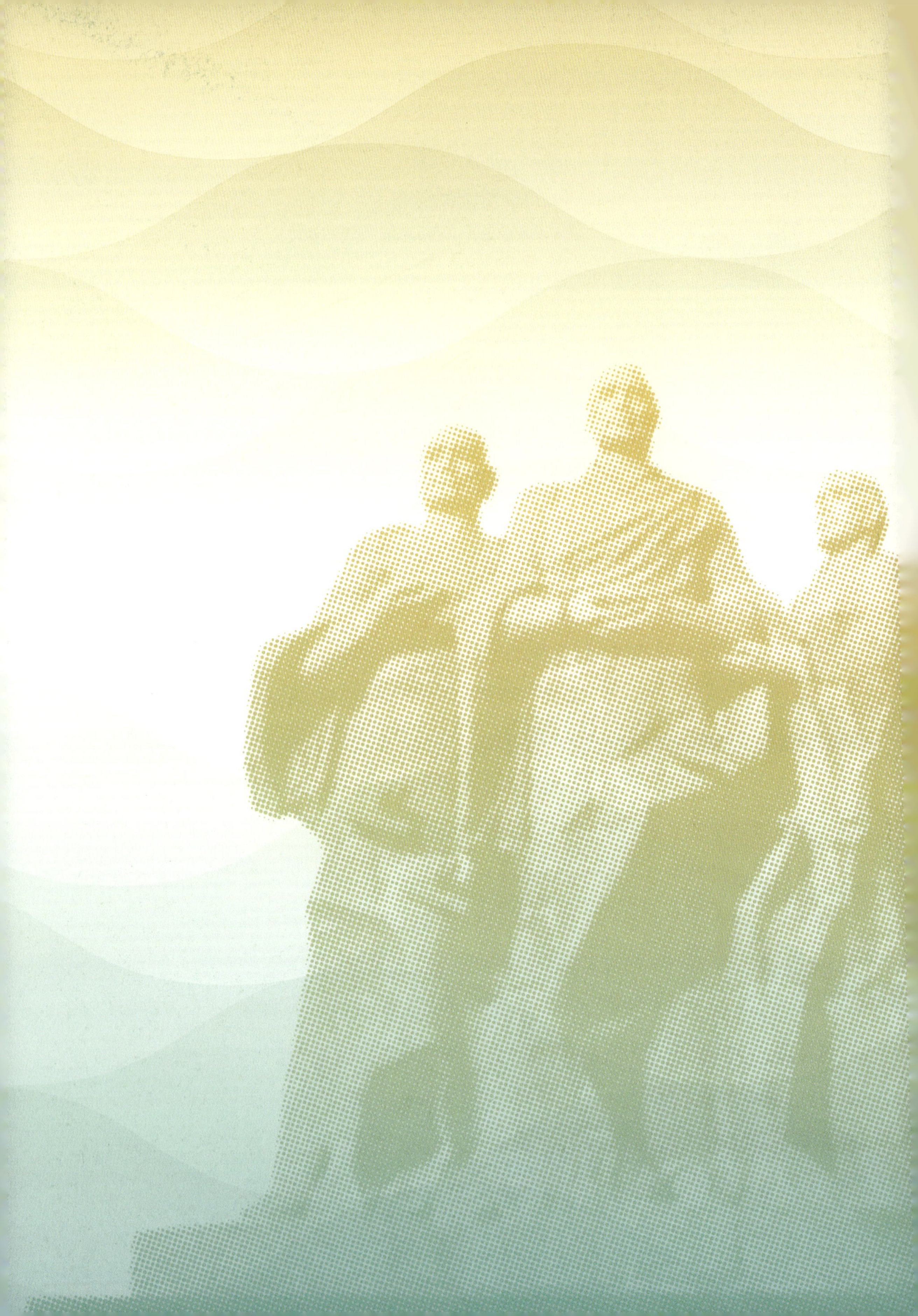

三亚春秋

[历史概况
北风南来
边城三亚
梅山烽火]

三亚历史沿革

春秋
- 为扬越地

秦
- 为象郡之外徼

汉
- 西汉元封元年（公元前110年）
  海南始设珠崖、儋耳郡
- 东汉建武十九年（43年）
  海南总置为珠崖县，隶合浦郡

三国两晋南北朝
- 吴赤乌五年（242年）
  复置珠崖郡
- 西晋太康元年（280年）
  撤珠崖郡并入合浦郡
- 南朝梁
  以儋耳地置崖州

宋代模压兽面（罗汉）纹砖

隋
- 大业三年（607年）
  改崖州为珠崖郡
- 大业六年（610年）
  又析珠崖郡西南地置临振郡

唐
- 武德五年（622年）
  临振郡改振州，今三亚境域属振州

宋
- 开宝五年（972年）
  振州改为崖州，领宁远、吉阳二县。为今三亚地区属崖州之始
- 熙宁六年（1073年）
  崖州改为朱崖军（后改吉阳军），吉阳县为藤桥镇，宁远县为临川镇，隶属琼州
- 绍兴六年（1136年）
  废吉阳军为宁远县，复藤桥镇为吉阳县，仍隶琼州
- 绍兴十三年（1143年）
  以宁远县、吉阳县之地复为吉阳军

元初仍为吉阳军，领吉阳、宁远二县，治所在宁远

至元十五年（1278年）
吉阳军属琼州路安抚司，隶湖广行中书省

至元二十八年（1291年）
省吉阳县。吉阳军属琼州路军民安抚司，隶湖广行中书省，领宁远一县

至正末年
吉阳军属海北海南道宣慰司，隶广西行中书省

- 仍因明制
- **光绪三十一年（1905年）**
  升崖州为直隶州，领四县：万县、陵水、昌化、感恩

明 / 清 / 民国 / 中华人民共和国

- **1949年**
  崖县隶海南行政公署所辖，属广东省
- **1984年5月19日**
  国务院批复广东省人民政府请示，同意撤销崖县，设立三亚市（县级），以原崖县行政区域为三亚市行政区域
- **1987年11月**
  国务院批准三亚市升格为地级市

洪武二年（1369年）
吉阳军复为崖州，隶于琼州，属广东行省管辖

洪武十九年（1386年）
儋州之感恩县并入崖州

正统五年（1440年）
裁撤宁远县，属地直属崖州

古崖州学宫

- **1912年**
  废崖州直隶州为崖县，辖于琼崖道，属广东。原所辖四县亦各归琼崖道直辖
- **1935年**
  经广东省政府咨内政部转呈行政院核准，于崖县西北部、北部设置白沙、保亭、乐安（后改称乐东）三县

历史概况

三亚市是镶嵌在海南宝岛南端的璀璨明珠。这里有雄伟壮阔的山海形胜，有丰厚而独特的自然资源，养育着一代又一代三亚人。这里居住着富有包容、进取精神的汉、黎、回、苗等各族人民。三亚从古昔的边陲"蛮荒烟瘴"小城，经过曲折而漫长的沧桑巨变，发展成为今天具有较高国际知名度、美誉度的新兴热带滨海旅游城市。

三亚古称崖州，自西汉开疆海南后，历汉、南北朝、隋、唐、宋、元、明和清朝，今三亚崖州区一直作为临振郡、临振县、振州、崖州（宋以后）、朱崖军、吉阳军、崖州直隶州的行政首府治所。崖州堪称"两千年建置史，八朝州郡治所"之地。

万年人类繁衍，两千年辖地源远流长

1万年前，一支古人类的重要系脉在三亚发迹，后被中国科学院命名为"三亚人"。文物部门在1992年对三亚落笔洞进行考古发掘，发现人类活动遗迹，这是迄今为止我国旧石器时代文化分布最南的一处遗

◎ 三亚落笔洞遗址出土的文物

海南猕猴下颌骨

华南虎下颌骨

环状石器

砍砸器

亚洲象臼齿

落笔洞遗址哺乳动物统计图

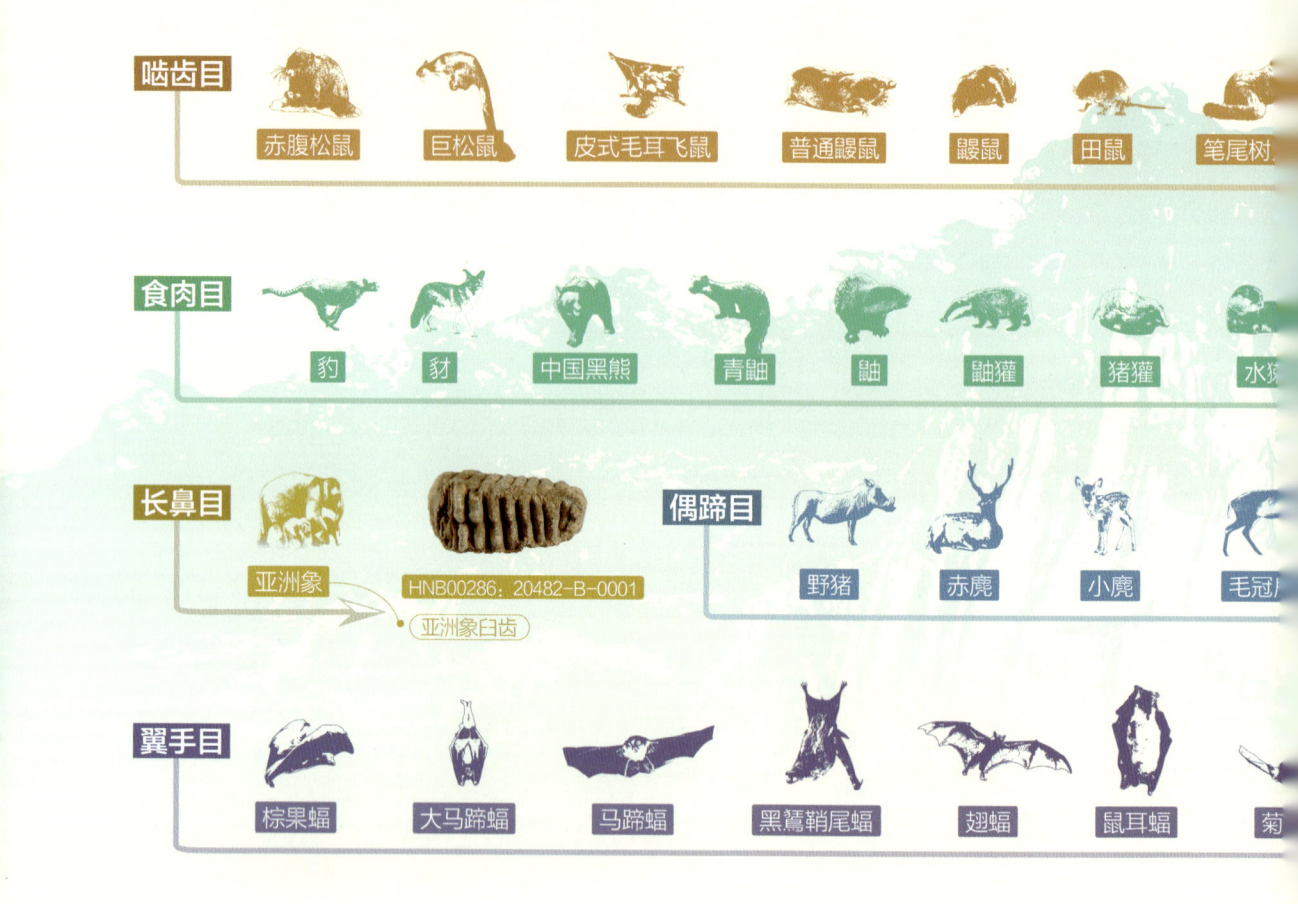

啮齿目：赤腹松鼠、巨松鼠、皮式毛耳飞鼠、普通鼯鼠、鼯鼠、田鼠、笔尾树（鼠）

食肉目：豹、豺、中国黑熊、青鼬、鼬、鼬獾、猪獾、水獭

长鼻目：亚洲象（亚洲象臼齿 HNB00286；20482-B-0001）

偶蹄目：野猪、赤麂、小麂、毛冠（鹿）

翼手目：棕果蝠、大马蹄蝠、马蹄蝠、黑髯鞘尾蝠、翅蝠、鼠耳蝠、菊（头蝠）

址。三亚市有着悠久的文明历史。在漫长的历史长河中，黎、汉、回、苗等各族居民陆续迁入，用智慧和汗水在这片神奇的土地上披荆斩棘，劈海破浪，勤耕力作。

海南岛自西汉元封元年（公元前110年）正式置郡设县，西南部地区先属儋耳郡，后属珠崖郡，今三亚地区其时为临振县境域。但是南北朝以前中央政权在这里的统治时断时续。直至隋朝以后，由于岭南俚族首领冼夫人对各部落的抚绥，中央政权在海南的统治才逐渐加强，至唐代而健全州县设置，形成琼州都督府统领全岛的格局，与内地的联系也

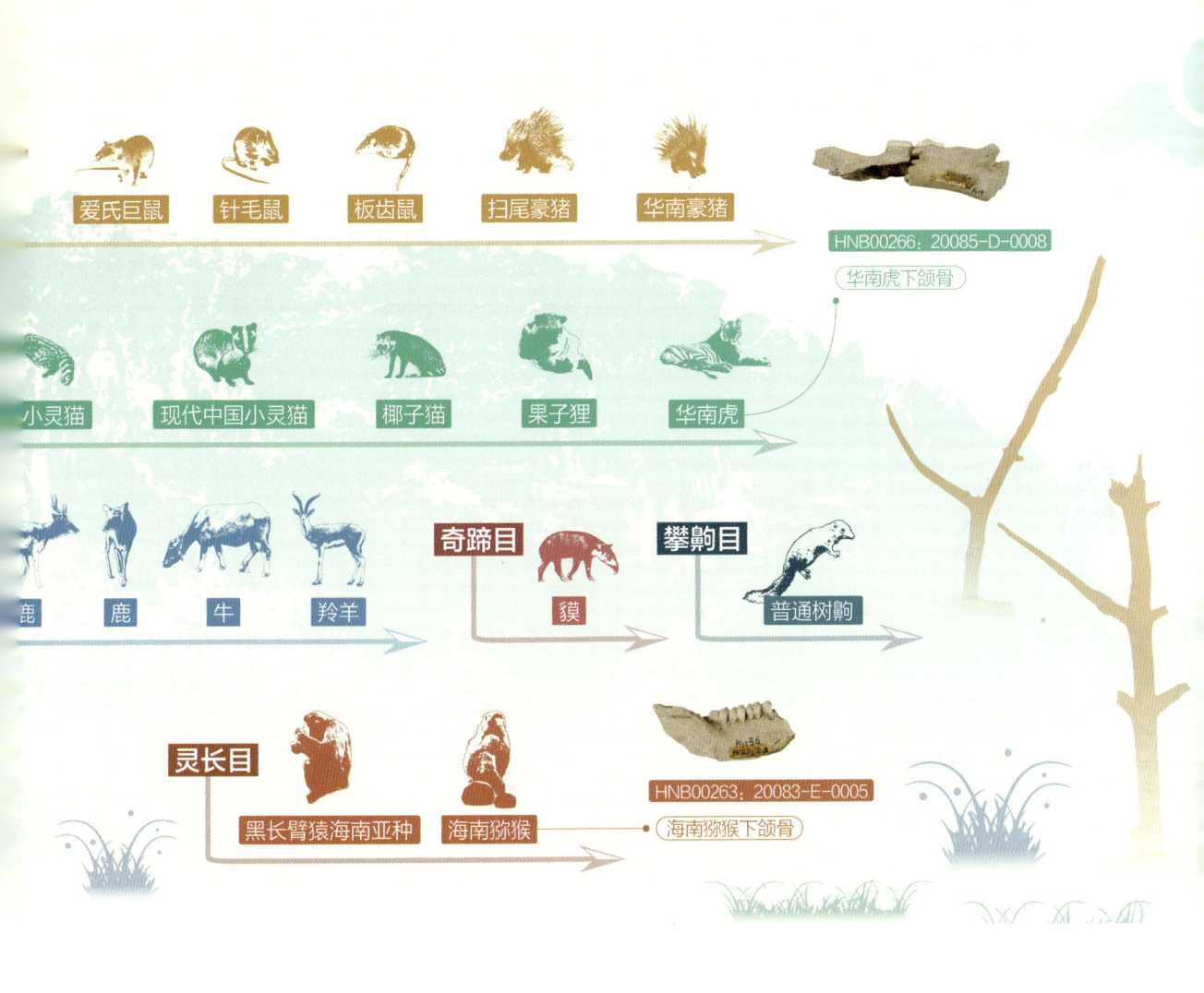

爱氏巨鼠　针毛鼠　板齿鼠　扫尾豪猪　华南豪猪

HNB00266：20085-D-0008
华南虎下颌骨

小灵猫　现代中国小灵猫　椰子猫　果子狸　华南虎

麂　鹿　牛　羚羊　**奇蹄目** 貘　**攀鼩目** 普通树鼩

灵长目 黑长臂猿海南亚种　海南猕猴

HNB00263：20083-E-0005
海南猕猴下颌骨

越来越紧密，宋元以后遂成为"南溟要区"。历代建置名称屡经变易，辖地也盈缩不一。三亚地区称"崖州"，始于北宋开宝五年（972年），后又改称朱崖军、吉阳军。到了明朝初年，崖州建制才稳定下来，直至清末。古代崖州辖境广阔，东邻陵水，西接感恩（今东方市），北抵五指山南麓，南至有"千里长沙""万里石塘"之称的南海诸岛。因为远离中原，"孤悬"海外，崖州被形容为"天涯""海角"，既是中国的南境边陲要地，也是隋唐至宋元封建王朝贬谪、发配流放臣子和罪犯的地方。宋以后崖州州城在今天的崖城，那里有水源丰沛的宁远河水系，是

传统农业发达地区。

民国初年撤崖州，改名崖县；1935年划出北部和西部地区归属新建的保亭县、白沙县、乐东县，经济中心也逐渐东移至榆林—三亚一带（简称榆亚地区）。中华人民共和国成立后，1954年10月崖县县城从崖城东迁至三亚镇。经20世纪50年代末期的一再调整，崖县辖境于1961年初稳定下来。1984年5月19日，国务院批准撤销崖县，设立三亚市，以原崖县行政区域为三亚市行政区域。1987年，国务院批准三亚市升格为地级市。

随着历史的变迁，今天的三亚市境域，曾先后属于珠崖郡、临振

三亚落笔洞遗址外景图

郡、振州、崖州、吉阳军、崖县的辖境。在隶属关系上，大体上隋代属扬州司隶刺史；唐代隶琼州都督府，属岭南道；宋代隶琼管安抚司（安抚都监），属广南西路；元代隶琼州路，先后属湖广行中书省、广西行中书省；明代、清代隶琼州府，属广东省；民国时期先后隶琼崖道、琼崖行政专员公署、南区善后公署、琼崖绥靖公署、广东第九区督察专员公署、海南特别行政区，均属广东省；中华人民共和国成立初年隶海南行政公署，1954年改隶海南黎族苗族自治州，均属广东省。1984年5月设立县级三亚市，仍隶海南黎族苗族自治州；1987年11月三亚升格为地级市，1988年4月海南建省，三亚市直属海南省管辖。

北风南来

海南包括三亚地区在周代只是荒服之表，秦皇之世亦不过是象郡之外境，这里孤悬海外，被视为炎炎遐方。但是历经沧桑，发展到了明清两代，海南沿海各州县包括崖州，已有"海滨邹鲁"之美誉。

唐宋以来贬官谪琼，携来中原儒家文化

两伏波开琼后，冼夫人再抚而定，中原文化随之北风南渐。宋元时期落籍崖州（吉阳军）的南来移民，特别是流贬官宦，对琼南文化的发展有着深远影响，对海南包括三亚地区的文学创作起到了示范作用，也为琼南旅游胜地的开发留下了宝贵遗产。流贬官员对当地旖旎风光的歌咏赞赏，为各景点积累沉淀了深厚的历史文化底蕴。据史料记载，胡铨贬谪崖州（吉阳军）时，是他诗文创作的高峰期，"日率作诗数十首"。同时，胡铨还收黎家子弟入学，尽其所能帮助当地民众改进耕作技术，倡导兴修水利以抗天灾。

唐宋时期是大量贬官谪琼的历史时期。据各类正史、方志、笔记、

典志、家谱、碑铭等史料记载，仅唐朝流贬海南各地的官吏，有记载的就近 70 名，且多数为高官宗室，宰相则不下 15 人。其后五代至宋元，明文史载的贬官更不下 130 名，且不少是道德典范、文学巨擘。可以说，唐宋是海南文化由蛮荒到焕然的过渡阶段，而唐宋贬官是海南文化的播种者和培育人。贬官所携带和传播的儒家文化思想，使得海南包括三亚地区缓慢融进中原儒家文化圈。

唐高僧鉴真第五次东渡，居留振州弘法

1200 多年前，唐朝高僧鉴真在第五次东渡日本时，因迷失航路，又遇台风，漂流到海南岛上的振州（今三亚市）。在振州居留一年后，改由陆路抵崖州（今海口市），再从澄迈县的石矻港（今马村港）渡海

大小洞天景区鉴真东渡雕像

鉴真东渡日本途经三亚示意图

北上,辗转回扬州,继续第六次东渡,并获得成功。在鉴真失败的五次东渡中,漂流到海南岛的这一次是行程最长、历时最久、遭受艰难险阻最多的一次。他和同伴们在海南岛居住一年多,足迹遍及振、万、崖三州。他们除了进行宗教活动之外,还为地方办了不少实事,对当时海南岛经济文化的开发建设起过推动作用。

在崖州,因佛寺被烧,鉴真等应崖州游奕使的要求,主持重建佛寺,并构建佛殿、讲堂、砖塔,又造释迦丈六佛像。在伴随鉴真的僧俗人员中,有精通建筑、雕塑、绘画的艺术工匠,他们在海南岛逗留的时间里，建造了多处建筑物，把当时处于世界领先地位的中原华夏文明传授给海南人民，对海南岛的宗教、艺术、民俗、医疗、建筑等方面起到了启蒙作用。鉴真东渡日本途经三亚，可谓海南岛开发史上的一件大事，其历史功绩永垂不朽。而且，这当中也包含着日本僧人普照、荣睿的劳绩，是中日两国人民友谊的象征，值得永久纪念。

"先棉"黄道婆的崖州岁月

生活于宋末元初的黄道婆出身寒微，却以自己的纺织技艺彰显了崖州，影响了江浙以至中国北方的棉纺织业，被人们尊称为"先棉"。崖州有着悠久的传统纺织历史，棉花的大面积种植为吉阳（崖州）棉纺

传统纺织工具

织业的发展提供了优质原材料。黄道婆在崖州向当地黎汉百姓学习纺织技术，并结合自己的理解和实践操作加以改进，将崖州的纺织技艺提升到新的高度。

黄道婆北上松江乌泥泾之后，传播先进的纺织技艺，使得"乌泥泾被"天下闻名。

岭海巨儒钟芳，古代崖州的文化巅峰

钟芳（1476—1544 年），字仲实，号筠溪，崖州所（也称高山所，今属三亚）人，致仕后改籍琼山。钟芳自幼聪颖，10 岁即进州学，明正德三年（1508 年）登进士榜，选为翰林院庶吉士，授编修。钟芳从政的经历很丰富，在司法、民政、教育、军事诸方面均有显著政绩。钟芳任职翰林院编修不久，即因"忤时"（不阿附时俗）被贬为宁国府推官。推官管刑狱，他精勤吏事，明断积案，远近闻名。钟芳讲论儒家经义，倡导"求诸身心"身体力行，为诸生所折服。

钟芳从政为官 30 年，勇于任事，干练有为，多所建树，而"仁民爱物"的思想则始终贯彻其中。他遵循儒家"仁政"理念，认为"仁者不负其民""夫政以顺民欲恶为要""而以惠泽及物为贵"，主张轻徭薄赋，政简刑清。

钟芳一生，学问与事功并重，是继丘濬之后的海南籍理学名家，在明代理学界具有一定的声誉和地位。钟芳学博而精，律历医卜之书无不通贯，其学术思想为学界所重，有"岭海巨儒"之誉。著作有《学易疑义》《春秋集要》《皇极经世图》《续古今纪要》《崖志略》《小学广义》《养生举要》及诗文 30 卷。

钟芳致仕回到海南，在琼山家居十余年，于嘉靖二十三年（1544

钟芳（1476—1544）

字仲实，号筠溪，崖州所人。钟芳一生，学问与事功并重，是继丘濬之后的海南籍理学名家，在明代理学界具有一定的声誉和地位。

年）病逝，享年69岁，葬于琼山之苍原山。"两朝扬历，推美誉于士林；十载休闲，挺高风于晚节"。钟芳为海南文化谱写了光辉的一页，促成了古代崖州教育文化历史发展的高峰。

边城三亚

从流贬之地到避难之地

"珠崖风景水南村，山下人家林下门。鹦鹉巢时椰结子，鹧鸪啼处竹生孙。鱼盐家给无墟市，禾黍年登有酒樽。远客仗藜来往熟，却疑身世在桃源。"这是一首赞美三亚市崖州区水南村的诗作，作者是被贬至崖州、而后居住在水南村的宋代名臣卢多逊。

除了卢多逊外，对当地产生深远影响的宋代重要朝臣赵鼎、胡铨也都曾寄居于水南村。海南作为流贬地，始于隋炀帝，唐宋时达到顶峰，并延续至明代中期。三亚地处海南岛的最南端，被流贬至三亚地区的官员，大多与当时朝廷重大政治事件有关，其中不乏高官重臣。

宋元时期，是三亚地区发展史上极为重要的历史时期，也是移民史上的重要时期。据学者研究，宋金之战连年不断，大批中原人民因此南迁，其中不乏迁居岭南乃至海南者。在这一时期，中原内地向海南移民人数约达10万以上，主要有避难百姓、海上遇险客商、驻军、流贬

水南村"盛德堂"遗址旧影

官员、因占城动乱迁来的穆斯林、外国商人等。在这些移民中，有不少落籍崖州（吉阳军）。

从避难之地到多民族聚居地

宋朝时期，被流贬至海南的朝廷官员数量与唐代相比，有较大幅度的增长，其中被流贬至崖州（吉阳军）的官员约有20人，赵鼎、胡铨都在其列。历代贬官的文化影响与这一历史进程息息相关，此外，南来移民带来的中原农耕技术、手工业制作技术和土地开垦需求，都促进了当地农业经济发展；移民中的名门望族重视文化教育，也对提升崖州（吉阳军）的文化教育水平起到了一定的推动作用。总体来说，宋元时期落籍崖州（吉阳军）的大量移民，对当地的社会、经济、文化等各方

面发展都起到了积极的推动作用。"靖康之乱"后北方人口南迁,其规模之大,迁入人口之多,影响之深远,无疑要超过以后的任何一个时期。

《三亚史》编写学者之一的曾庆江指出,"宋元期间,崖州(吉阳军)的水陆交通、农业经济、内外贸易日益发展,东南沿海移民的大量迁入,前来琼南的官宦、文人渐多,崖州(吉阳军)在政坛、文坛,官方、民间的形象开始发生改变,这种改变是历史性的"。

宋代模压兽面(罗汉)纹砖

唐宋时期,也是海南伊斯兰教发展的重要时期。在三亚一带,先后发现了梅山、干教坡、番岭坡、土福湾等四大古墓葬群,其墓葬和一些碑文是海南伊斯兰教发展的重要物证。大旦港位于崖城镇(今崖州区)临川河出海口,是"海上丝绸之路"的重要港口,当年聚居着大量穆斯林;伊斯兰教文物最集中的当属凤凰镇,清真古寺中存放的乾隆古碑,是三亚多民族文化交融的实证和瑰宝。

从多民族聚居地到国际化都市

明代的海南,凭借大量未被开垦的荒地,以及明太祖朱元璋称赞的"南海奇甸"的美名,自然而然地成为大批移民的目的地。

据学者研究,到了明代,从内地迁居海南的移民达四五十万之众。随着大批移民的迁入,海南黎族的封建化进程也在加快。各民族在社会经济文化的发展中相互融合，崖州也因此成为汉、黎、回、苗等族群的共同聚居地。

鉴于海南"内黎外海"，既要维持岛内稳定，又要防御沿海倭寇和海盗的袭扰，明朝统治者从一开始就十分重视海南的军事建设。此外，为加强中央集权，实行有效统辖，明朝还通过行政手段，不间断地从全国各地向海南委任官员。

因此，明朝时期落籍崖州的移民中，以军事移民、官宦群体居多。其中，军事移民所携带的中原文化、社会习俗等，对崖州社会产生了深刻影响；官宦群体则在执行中央政权律令、保境安民、发展农业生产、传播中原传统文化、兴办儒家教育等方面，极大推动了崖州社会、经济、文化等方面的发展进步。明代的崖州已形成多民族聚居的社会状貌，各民族文化在这里交流、碰撞、融合，崖州逐渐成为拥有多元宗教信仰和多元文化习俗的大家庭。

到了 21 世纪，三亚更是从多民族聚居地逐步向"国际化都市"迈进。今天的三亚，凭借得天独厚的自然环境，日趋完善的城市配套，开放包容的人文氛围，在吸引众多游客的同时，也吸引许多"候鸟"人群、外来务工人群和高端科研、技术型人才来到三亚定居，其中包括不少外国人，尤以俄罗斯人居多。

三亚的新一代移民在拉动内需、创造经济效益、助推城市发展等方面发挥着积极的作用。此外，在先进技术理念的引进、多元文化的进一步交流融合等方面，新一代移民也发挥了不可替代的作用。21 世纪的三亚正在经历大融合期，在外来文化、观念的冲击下，三亚正在经历蜕变，完成蜕变之后，包容多元的三亚必然会迎来全新的面貌和富有生机的城市活力。

梅山烽火

梅山是三亚著名的革命老区,俯拾皆是革命斗争的印迹。在那个腥风血雨的革命斗争年代,梅山是崖县乃至琼南地区坚不可摧的革命根据地。

梅山地处琼南,背山临海,位居崖城西,是崖城通向莺歌海、佛罗以及昌感的重要枢纽,背后有连绵的青山密林,前面是浩瀚的汪洋大海,无论水上陆上,进可攻退可守,既能隐蔽,又能出奇制胜抗击敌人,是非常适宜开展抗日游击战争的根据地。20世纪20年代,大革命失败以后,中国革命进入低潮,中共崖县党组织遭到极大破坏,大批革命同志惨遭杀害。为了保存和发展革命力量,党组织的革命活动不得不从藤桥、林旺(今海棠湾)转移。因为梅山群众基础好,水陆交通方便,利于开展游击斗争,中共崖县县委迁驻梅山。

九一八事变后,中共琼崖特委派刘秋菊、林茂松等到梅山秘密开展革命活动,建立了梅山党组织,创建了梅山革命根据地。从此,梅山的革命热潮方兴未艾,梅山人民前赴后继,不屈不挠地与日本侵略者和

1937年1月	梅山第一个党支部——中共梅东村党支部成立，点燃了梅山抗日救亡运动的星星之火。
1939年2月	日军侵占崖县。5月，中共崖县县委迁至梅山，领导和指挥全县的抗日斗争。同年，中共崖一区委在梅山成立，梅山抗日游击队由"梅仿抗战团"和"打猎队"合编组成。
1940年5月	梅山成立了青年抗日救国会。
1941年初	梅山成立了妇女抗日救国会和儿童团，同年9月，琼崖抗日独立总队第三支队奉命东调作战，途经乐东黑眉岭时遭到日军包围伏击，浴血奋战终于突围。梅山党组织和人民群众冒着生命危险进行救援。第三支队在梅山得到充分休整补给，又挥师东进，驰骋疆场。
1942年6月	梅山抗日民主政府成立，梅山人民掀起了如火如荼的抗日救亡运动。日军妄图扑灭梅山地区抗日烈火，对梅山人民进行残酷的军事镇压，梅山人民不屈不挠，进行英勇顽强的斗争。
1943年5月	崖县、感恩两县在梅山召开会议，成立中共崖感办事处。
1945年8月	日军无条件投降，国民党崖县县长丘岳观率军包围梅山，对梅东村进行烧杀抢掠。
1946年11月	中共崖县区委撤销，恢复中共崖县县委，时驻梅山。
1950年4月	崖县解放，中共崖县县委从梅山迁驻崖城。

国民党反动势力作殊死的斗争。

而解放战争期间发生在梅山的夜袭关公庙（1947年9月）、拔除高土墩据点（1948年3月）、石沟溪伏击敌军火车（1948年7月）、梅山阻击战（1949年6月）等四次战斗，更是让梅山人记忆犹新。英雄的故事，已被编成崖州民歌在梅山广为传颂。

烈士陵园，铭记血染山河

1982年建成的梅山老区革命烈士陵园位于三亚市崖州区梅山石沟

梅山老区革命烈士陵园

溪水库西侧，是三亚市爱国主义教育基地。陵园坐南向北，占地45.05亩，1990年扩建石板路364米。陵园内有八角亭、纪念碑、公墓各1座。亭的后面是纪念碑，碑高8米，碑身正面镌刻"革命烈士永垂不朽"，基座正面镌刻56位烈士英名。陵园里林木成荫，幽静清新。在抗日战争时期，梅山是崖县乃至琼南地区一个坚不可摧的革命根据地。解放战争时期，梅山人民以大无畏的牺牲精神，为崖县和海南岛的解放作出了巨大贡献，成百上千人参军，支援前线，共57名梅山籍优秀儿女和9位无名英雄战士血染山河，长眠在梅山老区革命烈士陵园里。

革命史馆，展示革命历程

作为琼岛"二十三年红旗不倒"的历史缩影，梅山革命史馆自2006年开馆至今，吸引了大量人员前来参观和接受革命传统教育。该馆坐落在梅山中学校园里，面积300多平方米。

史馆以图、文、实物等形式，全面展示了梅山地区乃至整个崖县风起云涌、波澜壮阔的革命斗争历程。那个年代的枪林弹雨、血雨腥风、硝烟弥漫的战争场景，以及根据地人民克服困难、开展生产自救、踊跃支援前线的感人画面，特别是一个个革命先烈、战斗英雄壮怀激烈、感人至深的英雄故事，无不展现出革命老区艰苦抗战的历史以及老区人民不屈不挠的抗战勇气和决心。

通过一串串数字，一场场战斗，一个个故事，一段段传奇，不难看到梅山这片红色的土地上风起云涌、如火如荼的革命浪潮，不难寻觅到琼岛革命斗争的光辉足迹，不难见证梅山老区人民为中华民族的解放所作出的巨大牺牲和贡献。

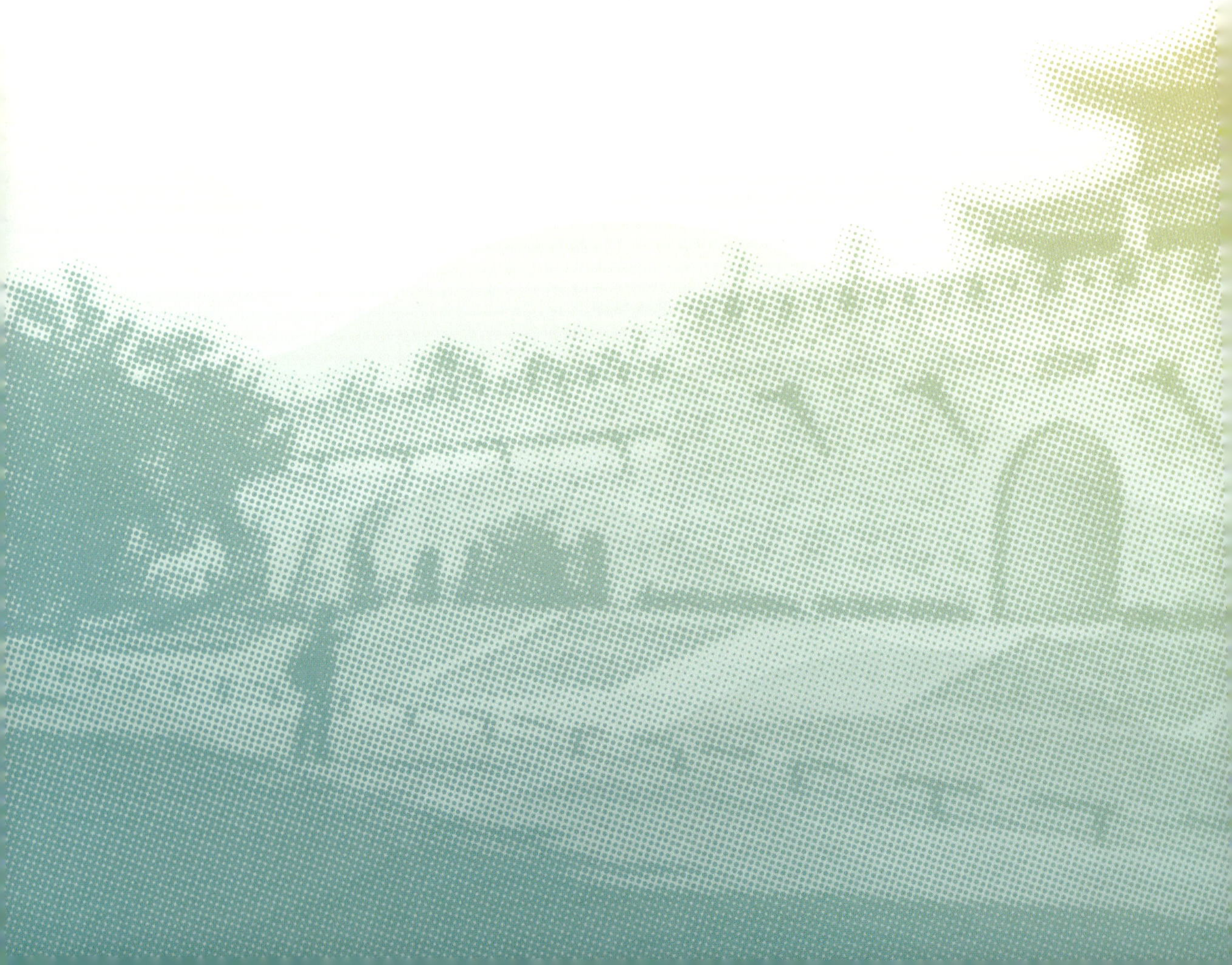

文化遗珍

[崖州古城　崖城古村　鳌山书院　崖州民风]

崖州古城

崖城（今三亚市崖州区）古称崖州，距三亚市区42千米，是中国最南端的古城。古崖州城历史悠久，宋朝以来历代的州、郡、县治均设在这里。在宋以前为土城，南宋庆元四年（1198年）始砌砖墙，后经元、明、清三代扩建，成为一座规模较大的坚固城池。崖州古城世称"诗礼之乡，文化重镇"。

崖州区现为三亚唯一的历史文化名镇，现存的历史文化遗产众多：有中国最南端的孔庙——崖城学宫；市级文物保护单位13个，如盛德堂、广济桥、迎旺塔等；书院、公馆、会馆、庙宇、名人故居和重要古民居50多座，如鳌山书院、三姓义学堂、何秉礼故居、廖永瑜故居、孙氏宗祠等；新石器时代遗址7个，如河头遗址、卡巴岭遗址等；古城墙和历史文化遗迹地20个，如钟芳故居、相公厅、鉴真和尚登陆地、黄道婆崖城居住地等；民国时期的骑楼历史街区等；红色历史纪念地，如崖城革命烈士纪念园等。

古城现存文明门、北门小段城墙及崖城学宫、迎旺塔、盛德堂等

晨浴古崖州

古建筑。清道光年间,古城建筑基本定形,古城东、西、南、北门分别是阳春门、镇海门、文明门和凝秀门。城外开护城河设吊桥,城内设御敌楼、谯楼、月城等。东、西两门早已无存,修缮一新的南门,是几经劫难而残存的唯一的崖州古城真迹。南城门门洞垛口均仿旧修复,门洞上方的"文明门"三字是清代磨石碑刻,字迹清晰如故。修复后的南门上添建一座两层门楼——文明楼,与城门浑成一体,使之更加雄伟壮观。站在城墙下,依旧能感受到崖州古城曾经的兴衰荣辱。

从文明门往北约 100 米便是赫赫有名的崖城学宫。崖城学宫始建于宋朝,清道光三年（1823 年）迁于现址,曾为崖州培养过大量的人才。钟芳父子三人为明代进士,钟芳被称为"岭南巨儒",他们都曾得益于崖城学宫。

沿着崖城学宫东行，可看到保留了大量南洋风格骑楼的解放路，因皆建于民国时期，俗称"民国一条街"。

宋末元初著名的纺织家黄道婆，居住在崖城水南村近40年之久，向当地黎族人民学习棉纺织技术。历代的文人墨客、圣贤学者和达官名流的流配谪居，广东、浙江、福建等发达地区的商贾留居落籍，对崖州的兴盛发挥了积极作用。到了明代时，崖州已出现"弦诵声繁民物庶，宦游都道小苏杭"的盛况。据《三亚市志》记载：清乾隆二十年（1755年），崖州已设有东关市、西关市，老街上有布店、酒店、首饰

崖州民国骑楼一条街

店、书店等30多间。可以想象，昔日崖州古城商店星罗棋布，商贾云集，一派繁华热闹的景象。

1920年前，崖州古城城池仍保持原貌。1920—1921年，崖县先后拆除东、西城门，建筑公路通进城里。1928年，又拆毁一段北门城墙。1949年后，古城城墙基础尚存。"文革"期间，群众挖城砖搞建设，大部分墙基遭到破坏，现古城仅剩文明门及北门小段城墙。

崖州古城这些宝贵的历史文化遗产蕴涵着三亚悠久的历史和灿烂的文化，是2000多年三亚文化的符号，是三亚厚重历史文化的有力见证，也是异常宝贵的人文资源。

崖州古城南门

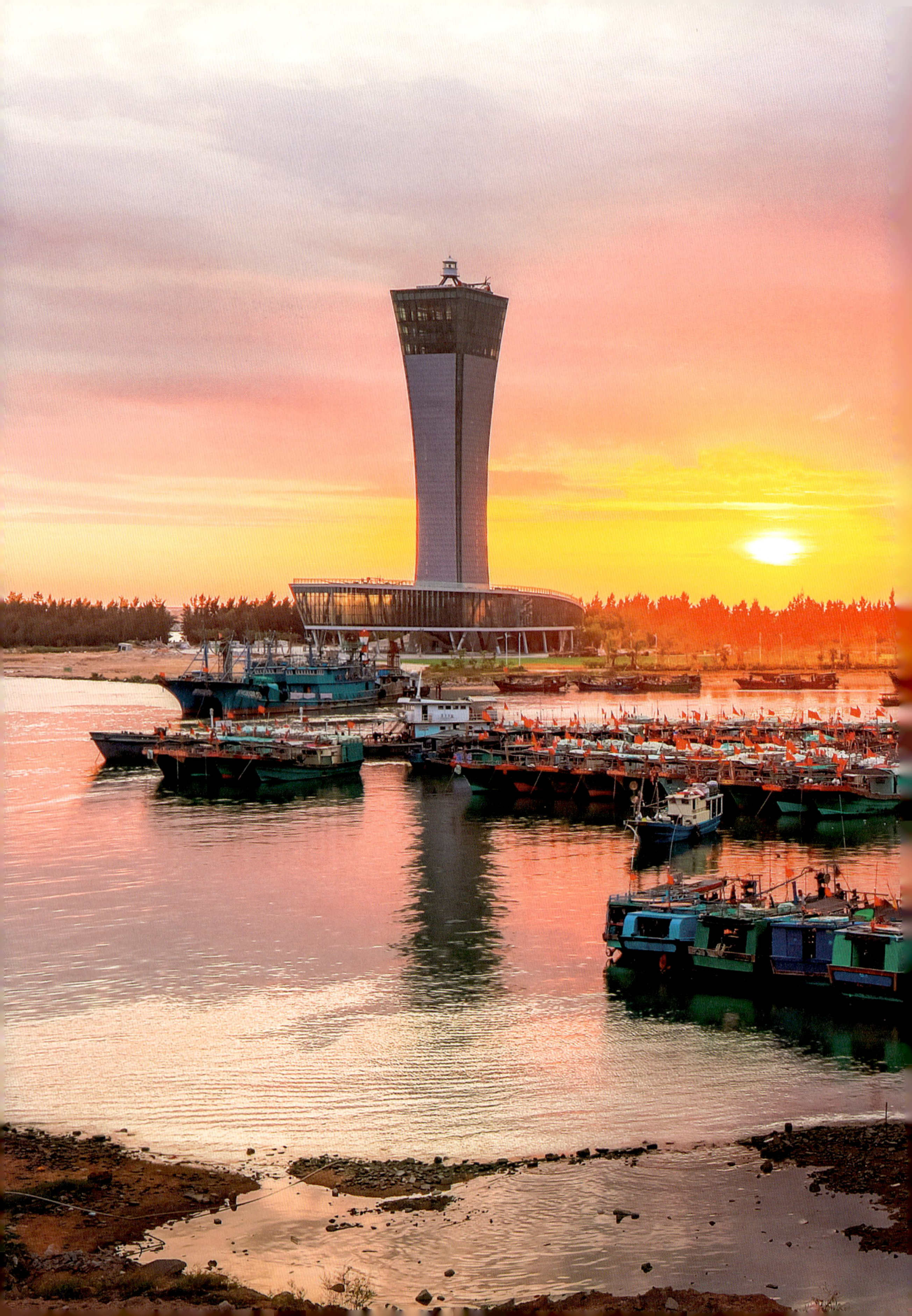

丝路之塔

崖城古村

历史文化名村——保平村

保平村位于三亚市崖州区崖州古城西南4千米处，古称毕兰村，是古崖州的边关重镇、海防门户。毕兰村已有1100多年历史，唐时因李德裕谪居于此而扬名。后因宁远河水泛滥，毕兰村村民移居黎地。此后不断迁来的居民聚居于毕兰村北，形成村落，取名"保平村"，意为保世代平安。

保平村历史悠久，文化底蕴深厚。现村中保存完好的明清古宅，是崖州古建筑中最有代表性又最集中的古代民居建筑群。古宅的门楼、正室、横屋、正壁组成了生态庭园四合院，是保平古民居中最具建筑艺术和布局特色的乡村古建筑。至今尚完好保存的陈氏古宅，其雕花梁墩、绘画墙体、神龛雕刻、龙凤麒麟、鹤松梅竹，俱图案精美、工艺精细，其中的神龛堪称崖州神龛之最。这些古民居本身具有较高的建筑艺术、历史价值，同时也记录和标志着保平的建村史，见证了保平村的兴盛繁荣，为保平村的经济文化发展、革命斗争等闪耀过它独有的光辉，

俯瞰保平村

如今还在继续书写和唱颂着保平村的辉煌。

保平村自古以来文教昌盛、人才辈出、书香不断,历史上曾有"保平多贡生"的美誉。如今保存完好的古民居中尚有"明经第"小门楼。这里有保平书院、九姓祠堂、关帝庙、文昌庙、天后庙、保平桥、毕兰村遗址等历史文化古迹,它们记载着保平村的文明发展和文化昌盛。保平书院是保平村的文化摇篮和革命胜地。据《乐东县志》记载,清代己酉科拔贡郑允煊,常来鳌山书院和保平书院讲学。1927年春天,麦宏恩、何绍尧、李福崇等革命青年在书院里建立了中共保平党支部。

保平村是国家级非物质文化遗产崖州民歌的发源地,"保平人张邦玉常著诗歌以训迪弟子"是《崖州志》中有关崖州民歌的唯一记载。保平村五个文化活动中心是崖州民歌原生态演唱点,只要走进保平,就能听到崖州民歌悠扬的歌声。2010年,保平村入选住房和城乡建设部、国家文物局发布的第五批"中国历史文化名村"名单。

海南四大古村之一——水南村

从三亚市区乘车前往崖州区,在距离古城旧址几百米处,首先吸引人眼球的是水南村的大门。该大门高大宏伟,相当壮丽。去了水南村的盛德堂和古民居后,寻古的足迹才从古城南门文明门开始。面对残存的盛德堂和古老的城墙,脑海里闪映着先贤们的影子,不能不让人感慨岁月变迁,世事沧桑,日月如梭。

受悠久历史文化的影响,现代的崖州文化氛围浓郁。崖州区的很

卢多逊纪念馆

多农民喜欢读书写字,也擅长诗文书画琴棋,尤其懂书法者颇多。他们成立了农民诗联社、书画社和诗词楹联协会,诗文书画创作极为活跃,这便是崖州学风的世代传承。

盛德堂位于水南村裴家坊,始建于北宋时期,原为宋代昌化军知军裴闻义故居,宋朝宰相赵鼎、大臣胡铨因力主抗金而遭南贬时,曾居于此。经过多年的风雨沧桑,盛德堂只剩下几片残墙断壁。今天,盛德堂已重建一新。

鸟瞰盛德堂(重修后)

鳌山书院

古代海南的书院,大多集中在琼北地区的琼山和文昌等地,琼南地区书院虽少,却也有个别州县的书院颇具办学特色,留下佳话,如万州(今海南省万宁市)的万安书院、陵水的顺湖书院、昌化(今海南省昌江黎族自治县)的双溪书院、感恩的九龙书院、乐东的德化书院和崖州鳌山书院等。

原称"朱崖书院"的鳌山书院

崖州鳌山书院原称朱崖书院,"珠崖"本是海南最早的行政地名之一,宋以后称"朱崖",北宋熙宁六年(1073年)朝廷曾改崖州为"朱崖军",故名"朱崖书院"。道光年间,朱崖书院更名为"鳌山书院"。回望崖州几位知州办学兴教之心,依然令人景仰。

据清光绪《崖州志》记载,鳌山书院在州城外东南隅(今三亚崖城中学内)。书院南面宁远河,东邻打铁街,北靠四邑会馆,西接东莞会馆,原先是个文昌庙。文昌即文昌星,又叫文曲星,是传说中主宰

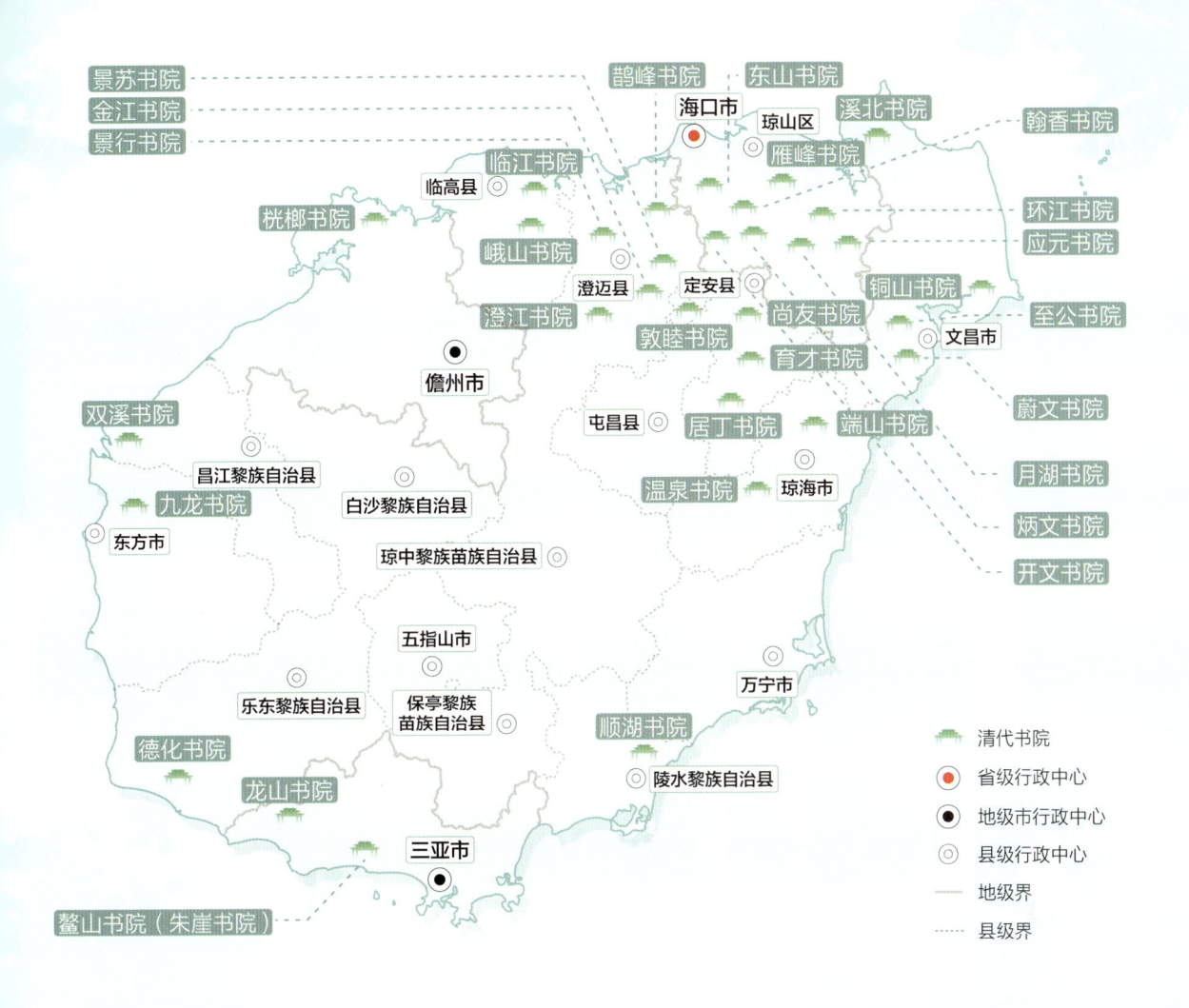

清代海南岛书院分布示意图

文运、司掌功名利禄的星君。清乾隆二十年（1755年），崖州知州宋锦把文昌庙改作"朱崖书院"。此举既是借巢栖凤、物尽其用，又颇合近水楼台之意，顺理成章。尤其难能可贵的是，宋锦还率先捐献白银二百两，发起成立义学基金会，聘请教师到书院授课，立下了开拓兴学的首功。

乾隆二十七年（1762年），崖城有幸，又来了一位开明重教的知州。新任知州是金绅，他到任不久，便在繁忙公务之余到书院视察，看到屋舍破敝、年久失修，慨然自责，便和州中人士商量对策。大家都乐意为兴学捐款，于是募得资金共计白银二千二百余两。书院当即请人对校舍重加修葺，增建厢房九间，大开明窗，设置栏槛，周边筑起围墙。金绅自己又出资置办桌椅等用具。各种设施配备齐全后，所余资金用作义学基金，通过放贷生息增值，作为教师薪水和学生助学津贴。书院通过考试选拔，招收额内生童40名，分为上中下三个等级，给予一定的助学津贴。另录取额外生童40名，随同修习学业。这件事在金绅所撰的《重修义学捐置膏火碑记》中有详细记载。古碑今已破残，碑文载于《崖州志》中。金绅继往开来，振兴当地文教，功不可没。

到了道光八年（1828年），代理知州袁斯熊捐出自己的俸薪，倡导重修书院。两年后，新任知州齐元发改朱崖书院为"鳌山书院"。

义学——公益性的基层学府

关于鳌山书院的性质，金绅早先在碑记中称之为"义学"，其意当是为了强调书院捐资助学的公益性。而通常所说的义学，多是指旧时民间自发兴办的一种免费的蒙学，一般由宗族以地租收入或私人捐资成立，本宗族或社区内子弟皆可免试入学，如崖城起晨坊的三姓义学，就是尹、卢、林三姓在其宗祠里共建的。义学主要对学童进行识字读写的启蒙教育，教材多用《千字文》《百家姓》等。

显然，鳌山书院与之大有区别。虽然书院也是通过民间募集资金来创办，没有财政拨款，但书院从开办到实施教学始终是由朝廷官员组织实施的。这应该属于官学范畴的一种地方学校——社学。

元明清三朝皆颁令要求各府州县设立社学。如清朝就有选择"文行优者充社师","免其差徭，量给廪饩"（官府提供食宿）的规定。"社师"的待遇和20世纪七八十年代的民办教师颇为相似。在《崖州志·建置志》中，"学宫"与"学校"是分别各作一章的，社学和书院则统在"学校"一章中记载。可见，书院（社学）是由地方自筹经费，政府宏观管理，等级低于州县学宫的初级儒学。

从金绅的碑记可知，书院开设后，崖州士人"应试之文"每为主考官嘉赏，"应童试者"大增。所谓"童试"即"童生试"，明清科举制度规定，凡士人未通过入学考试取得生员资格者，不论年龄老少皆称童生；"童生试"就是童生为取得生员资格的入学考试，是科举最初级的考试。作为科举之路的起点，书院的起步之功不可等闲视之。从隋朝建立科举制度开始，一切建功立业皆从科举开始，唯有通过科举之选才能改变自己和家族的命运。直至19世纪末，戊戌维新运动引发中国封建社会的变革，书院也随之发生了历史性的转变。

致力教育，共同的历史命运

清光绪三十一年（1905年），科举制度废止。

清光绪三十三年（1907年），崖州"合州捐赀拓其址"，把鳌山书院改造成高等小学堂。

1927年，高等小学堂迁到孔庙东侧，改称崖县第一高级小学，后改为今之崖城小学。书院原址建立崖县中学。1955年，崖县中学高中部随崖县政府机关迁到三亚，与榆亚中学合并组成崖县中学，1984年改称三亚市一中，校址在三亚河东路。鳌山书院原址现为崖城中学。

崖州民风

古朴粗犷的黎族打柴舞

黎族打柴舞是黎族民间最具代表性的舞种，黎语称"转刹""太刹"，是三亚市的传统舞蹈。打柴舞是黎族最古老、最受欢迎的舞种之一。2006年黎族打柴舞被列入第一批国家级非物质文化遗产名录。

黎语"转刹"，起源于古崖州（今三亚市）黎族丧葬活动，系黎族百姓在人死后用于护尸、赶走野兽、压惊及祭祖的一种丧葬舞。当代黎族村寨有一丧法叫"旱赛"，即人死后入殓，停棺12天、24天或一个月时间不等，然后入土。在停棺"旱赛"期间，丧家及周边村民相关男女老少每天晚上都要到丧家跳打柴舞。清代《崖州志》对这一习俗作了记载："丧葬。……贫曰吃茶，富曰作八，诸戚必以牛羊纸灯鼓吹来奠……作八，心分花木，跳击杵。""跳击杵"就指跳打柴舞，这是目前所见的唯一记载黎族舞蹈的古代文献。

打柴舞又叫竹竿舞，在晒谷场或山坡的地坪上，平行摆开腿一样粗的两条方木作垫架，垫架上横放若干根手腕粗的长竹竿，持竿者两两

传承打柴舞——空中老鹰

  相向双手各执一根竹竿尾端,将竹竿与垫架、竹竿与竹竿加以上下、左右、分合、交叉碰击,发出有节奏的声音,称为"打柴"。持竿者姿势有坐、蹲、站三种,变化多样。舞者跳入竹竿中,来往跳跃、蹲伏,模仿人类劳动状况和各种动物的动作及声音。

  打柴舞由平步、磨刀步、槎绳小步、小青蛙步、大青蛙步、狗追鹿步、筛米步、猴子偷谷步、乌鸦步等九个相对独立的舞步组成。在有节奏、有规律的碰击声里,跳舞者在竹竿分合的瞬间,不但要敏捷地进退跳跃,而且要潇洒自然地做出各种优美的动作。当一对对舞者灵巧地跳出竹竿时，持竿者会高声地呼喝"嘿！呵嘿！"，现场气氛热烈。如果跳舞者不熟练或胆怯，就会被竹竿夹住脚或打到头，持竿者便会用竹竿抬起被夹到的人往外倒，并群起而嘻笑之。相反，善跳的小伙子在这时往往因机灵敏捷、应变自如而博得姑娘的青睐。

打柴舞由于道具、节奏、跳法的特殊性和具有极强的娱乐、竞技成分，很快传遍整个海南黎族地区，成为黎族著名的舞种。打柴舞节奏强烈有力，动作古朴粗犷，生动形象，艺术感染力强，有很强的娱乐性，是开展群众文体活动的较好方式。其1957年进京参加少数民族文艺汇演时，被誉为"五指山艺术之花"；后到罗马尼亚、南斯拉夫、巴基斯坦、日本等多个国家演出时，又被誉为"世界罕见的健美操"。

随着时代变迁，打柴舞习俗在黎族中逐渐流传演变。如今，它已成为一种带有民族文化色彩的体育健身活动。过去那种只限"女打男跳"的习惯，如今演变为"男女混合打跳"。现在，打柴舞已经成为"三月三"黎寨山恋节中一项有益于健康的活动项目。青年男女凭借打柴舞活动，寻找"搭档"，增进情谊。小小竹竿为青年男女架设起了"鹊桥"。

1949年后，经原海南黎族苗族自治州及各县相关部门加工整理，打柴舞被搬上舞台、银幕和运动场，成为黎族舞蹈和体育项目，多次参加全国大型文艺汇演和全国民族运动会，并获得金、银奖。经加工、改编后，打柴舞又名"竹竿舞""跳柴舞"。今天舞台或运动场所见的均为以跳竹竿舞的形式出现的打柴舞。

打柴舞依托三亚地区黎族民间习俗而存在，该地区习俗的变化，对民间打柴舞的生存延续影响极大。目前，仅三亚市崖州区郎典村仍保留着这一古俗。

崖州民歌,优美动听绮丽多姿

崖州民歌是海南省地方民歌中的古老歌种之一,流行于三亚崖州以西、乐东沿海等古崖州属地及东方感城一带,为国家级非物质文化遗产之一,是以崖州客家人(汉人)方言咏唱、格律异常严谨且自成一体、蔚起于古崖州"西六里"乡间并向四周传播的一种汉语民谣。崖州民歌没有任何花哨的修饰,民歌歌手将热情注入吟唱中,把对生活的热爱用质朴的语言淋漓畅快地一一释放。

《崖州志》上没有明确记载崖州民歌的来源出处,但是从所搜集的崖州民歌年代推断,民歌应兴起于宋代,繁盛于清代后期。民歌由格式

齐声欢唱——崖州民歌

古树·古韵

为4句28个字的四行绝句演变过来,起初只是文人墨客之间为了表达感情而吟唱,慢慢传入民间在劳动人民中自由吟唱。

从内容长短与表现形式的角度,崖州民歌可分为长篇叙事歌、生活长歌、短歌和对歌四大部分。长篇叙事歌多为叙事长诗;生活长歌(俗称歌牌)代表作有《贫家织女怨》《十道情郎》等;短歌(俗称歌仔)以七言四句体为一首,多为即兴吟唱歌,如《观音填海歌》;对歌(俗称答歌),通常产生于民间艺人对歌过程中。

根据演唱场合和所起的功用不同,崖州民歌的曲调可分为号子、叫卖调、拉大调、柔情调、嗟叹调、哼小调等六大类。号子是群众在生产劳动中创作、演唱的歌曲;叫卖调是生意人为招揽生意而作的广告式民歌;拉大调为崖州民歌常用声调;柔情调,声调委婉,多用于咏唱爱情;嗟叹调,多用于歌唱失约、情变、伤感悼亡等,音调悲哀、凄厉;哼小调多为摇儿歌、童趣歌,特点是念白多,拉音少。

崖州民歌源远流长,一路走来,承载着崖州的政治、经济、文化、民俗等信息,是研究历史的"活化石"。现在收集到的70多部叙事长歌,是不可多得的、具有很高价值的历史文化精品。

崖州民歌有很高的艺术造诣。它不仅语言通俗、形象生动、声情并茂,而且娴熟运用赋、比、兴等多种艺术表现手法,锤炼出脍炙人口的艺术精品。如有首崖州民歌唱到:"瓜园收瓜瓜压瓜,石灰筑墙灰压灰,铁锤打铁铁压铁,酒饼酿酒饭压饭……"以诸多的事物相压的现象,暗喻旧社会人压迫人的弊病,虽不明指,却能意会。

总之,崖州民歌内容丰富,曲调优美动听,是中国民歌百花园中的一朵奇葩。

崖州元宵嫁鼠时，椰壳海棠油灯吊

崖州农村每年一入新正，就开始有"灯火烘春"的浓烈年味。新年还未来到之前，家家户户灯烛已见繁盛，嫁鼠用的灯油、灯盏也提前准备好，以备元宵夜嫁老鼠。元宵夜，崖州农人会在谷囤旁、磨笼边、灶头上，以及平日老鼠经常穿梭的地方，以碗底做灯盏，拧棉花（或灯心草）为灯芯，倒上盈盈的海棠油，让油灯通宵达旦地燃着。

海棠油灯发出噼噼啪啪的响声。因为老鼠生性胆小，怕光怕响，故平日肆意妄为、弄得"江翻海扰"的老鼠群，此时便"安分守己"地"屈蹲"在地洞里，好似老鼠都被嫁出去了，平时它们经常穿梭的地方也不见其踪影。

市民游客赏灯闹元宵

崖州嫁鼠的缘由一是老鼠对庄稼的危害，二是对旧时衙门盘剥农民的讽刺。旧时衙门每年向农民征收田粮入官仓时，规定每100斤谷子要扣除1斤作为"鼠耗"。这是巧立名目加收民粮的手法之一。因此农民便托元宵嫁鼠的民间风俗，从侧面谴责衙门坑农。

现在崖州人仍然保留着元宵嫁鼠的旧风俗，但是在做法和内容上已与昔日相去甚远。如今元宵嫁鼠夜，只见大哥大姐，带着小弟小妹们，坐在院落里，一起哼唱着《听妈妈讲那过去的事情》："月亮在白莲花般的云朵里穿行，晚风吹来一阵阵快乐的歌声……"温情悠扬的曲调沁润心脾，既表达了对美好生活的憧憬，又保留着浓浓的元宵节味。

红红火火闹元宵

育才生态区后靠村苗族群众表演盘皇舞

远古的记忆：苗家盘皇舞

苗族舞蹈支系繁多且分布较广。在苗族舞蹈众多的支系中，盘皇舞是海南苗族世代流传的最古老的舞蹈，海南苗族其他的舞蹈都是由此演变衍生。盘皇舞是为祭祀盘古而舞，展现了苗族民间文化的独特风采。

早在北宋时期，苗族的歌舞就已经闻名遐迩，在京城引起过很大的轰动。《宋史》曾经记载："一人吹瓢笙，如蚊蚋声，数十人联袂宛转而舞，以足顿地为节。"事实上，苗族的舞蹈起源很早，从它那原始、古朴的风貌即可看出，许多舞蹈都与丧葬祭祀、恋爱婚姻和生产生活有关。

有关盘古氏的神话，很早就在我国南方苗族间广泛流传。在苗族的历史传说中，祖先盘皇为了开天辟地，把自己的双眼变成了太阳和月亮，头发化成了森林，双手变成了山岭，血液化成了河流，剩下的一颗心升到了天外变成主宰天地的神，生育了五个仙女，分别嫁人形成了

民族特色鲜明的后靠村苗族盘皇舞

五个姓氏的苗族部落。盘皇传说还与苗族渡海来琼有关。当年苗族先人的一支从广西渡海来琼时,遇到了狂风巨浪。在万分危急的情况下,众人齐齐跪拜,祈求祖先盘皇神灵保佑。这时忽然飞来了一只八哥神鸟,它在船头上厉叫三声,天上的乌云转眼消散,风停了,浪没了,众人得救了。所以苗族中一直流传着祖先盘皇开创宇宙天地和拯救苗族的故事。

苗族、瑶族先民向来崇奉盘古,把盘古看作自己的祖先。明清时期,迁入海南的苗族人因思念家乡,每当元宵节,农历七月十五、八月十五,便在村头设坛焚香,祭拜祖先,表达对祖先的思念。祭拜完毕,由文、武各一名大道公手持刻有象征吉祥物"龙"的木剑,头戴龙头面具,身穿绣有龙图案的长袍,带着小道公,以舞蹈的形式跳起盘皇舞,祈求祖先盘皇保佑苗家人平安幸福,年年风调雨顺,五谷丰登。

崖州龙舟竞技，竞渡雄风三百年

崖州历史悠久，龙舟文化源远流长。自汉武帝设珠崖郡始，历朝多次在崖州地区设州、县等的行政首府，这里成为琼南政治、经济、文化中心。穿越历史长河，古崖州人给后世留下了一大批物质和非物质文化遗产。其中，端午赛龙舟是最受崖州群众喜爱的传统文化习俗。

崖州地区的赛龙舟已经有300多年历史，于清朝康熙年间兴起，此后每年端午，崖州人民都会聚集在宁远河入海口的保港赛龙舟，祈求风调雨顺、鱼谷满仓。1994年以前，保港地区每年均在端午节举办五龙舟比赛；2015年是崖州区撤镇设区第一年，崖州中心渔港的建成，为已中断21年的崖州龙舟赛提供了良好的举办场所，加上保港热心人士

的鼎力相助，使崖州2015年端午节龙舟赛再次擂响战鼓，吸引了上万观众前来观看，更有不少渔民开着渔船在主会场的对岸一字排开观看龙舟赛事。

2018年，端午龙舟邀请赛在美丽的三亚河畔隆重举行，在两岸市民游客的助威呐喊声中，各龙舟展开了激烈角逐。本次比赛较上一年进行了全面升级，参赛队伍由8支增加到了14支，其中男队有9支、女队有5支。同时，还增加了观赏性和竞技性极强的独竹漂比赛。赛事现场传统文化特色鲜明，鼓舞、舞龙狮、水上演艺等精彩纷呈的文艺活动轮番上演，洋溢着紧张激烈而又欢乐喜悦的气氛，体现出团结奋斗、奋勇争光的拼搏精神。

宁远河上赛龙舟

千年遗韵秘境，海上浮城疍家船

源于海上生活形成的疍家生活民俗，是三亚这个由渔村发展而成的滨海城市的特色文化之一。由于历史原因，疍家文化基本是靠口头传承及歌谣承载，随着老一辈疍家人的逝去和城市现代化进程的加速，疍家民俗文化和族群历史传承正逐渐陷于淡化和消亡……因此，三亚疍家人在建筑、民俗、生产、生活、美食等方面的文化，亟需用文字来记录。

疍家人对海和船具有复杂而又深厚的感情，这是没有在海上居住过的陆上人所无法想象和真正领会的。海，是赠予疍家丰厚渔获的生存之源，却也是随时会夺去他们性命的葬身地，在这美好却又充满危险的无边水世界里，任何生命都只是一粒渺小的海砂，可能顷刻间便不知魂归何处——而在过去，这又是不能抗拒的命运，从一出生，便会跟随到死；船，是收容疍家人存身的唯一归处，是护身的壳容身的家，但在须臾万变的海潮和风暴中却又那样脆弱和不堪一击！这千百年来，已经不知有多少疍家人葬身海底，寻骨无处！

在那些漂流的岁月里，除了日月之外，还有漫天星辰伴随着一代代疍家人，见证他们求生之渡的艰难与险阻，并成为他们辨识方位、确认坐标的天图。从初渡百川之水时的无措，到可以在无涯之海中熟练地利用星图和云霞月华去辨识方位、预测风潮与天气，疍家人在严酷的生存环境里不断历练和成长，成为熟知自然脉络的海洋之子。这些与自然相和相生的生存经验，被以歌谣和谚语的方式世代传承，指引着一艘艘疍家船，渡过了那些自汉唐以来便开始的孤独黑夜和难耐时光，最终穿越过四季的轮回，来到新时代。

那些承载着疍家人一家老小生计性命的船，就是一处处小小的海

崖州民风——疍家大脚婆

上浮城，仿若他们在水中踩着的最后一片土，是这群被迫阖家终生漂泊在河海之上弱小生命的最后依靠。船在，人在，船毁，家亡。他们因为种种原因，被迫从陆上避让海中，在已经没有了尊严和退路的陆上世界里，已然没有他们的一席容身地——流亡的线路由河而至海，最终扩展到了广阔却又不定的海洋上。为了谋生求存，疍家强烈的求生意志最终战胜了自然的重重险障，他们进化成了凭船探潮的搏风啸海人。

万年技艺传承，黎族原始制陶

海南岛制陶历史悠久，在黎族聚居地区的史前遗址中曾发现过陶片，文献中也不乏相关记载。如宋代的《诸蕃志》卷下曾记黎族"以土为釜，瓠匏为器"，清代顾炎武《天下郡国利病书》亦记黎人"缌绠绩木皮木布，陶土为釜"。黎族地区的制陶技术保留在哈方言、润方言、赛方言、美孚方言等区域。黎族制陶工具包括木杵、木臼、木拍、木刮及竹刀、

查看烧制好的陶器

万年技艺传承，黎族原始制陶

蚌壳、钻孔竹棍、竹垫等，制陶过程由挖陶、挑陶土、晒陶土、粉碎陶土、筛陶土、和泥、制坯、干燥、准备烧陶、点火烧陶、取陶、加固等12个步骤组成。制成品主要有釜、甑、瓮、碗、罐、蒸酒器、蒸饭器等器型。制坯技艺包括捏制、泥条盘筑、快轮拉坯等。泥片贴筑法、泥条盘筑法、快轮拉坯法等制坯方法至今仍在海南黎族地区保留着，其中泥条盘筑法具有不用羼和料、制陶工具简单、露天烧陶、无需陶车和陶轮、器型少等特点，简便实用，可以从侧面反映出黎族原始制陶技艺的水平。泥条盘筑法之类的原始制陶工艺对史前制陶史的研究具有重要的启示作用。

但是，随着社会发展、人民生活水平的提高和社会文化的趋同，瓷器、玻璃器、金属器、塑料器等替代品进入日常生活，现在懂得制陶的黎族艺人寥寥无几，制陶技艺濒临消亡，亟待采取切实措施确保其传承。

三亚民俗图

黎族打柴舞（国家级"非遗"）

- 黎族打柴舞又叫竹竿舞，是黎族民间最具代表性的舞种，是三亚市的传统舞蹈。黎语称"转刹""太刹"。它起源于古崖州地区黎族的丧葬习俗。打柴舞是黎族最古老、最受欢迎的舞种之一

黎族打柴舞

崖州民歌（国家级"非遗"）

- 崖州民歌是海南省地方民歌的古老歌种之一，流行于三亚崖州以西、乐东沿海等古崖州属地及东方感城一带，是以崖州客家（汉人）方言咏唱，格律异常严谨且自成一体，蔚起于古崖州一西六里）乡间并向四周传播的一种汉语民谣

崖州区

崖州民歌

崖州龙舟竞技

- 崖州地区的赛龙舟已经有300多年历史，于清朝康熙年间兴起，此后每年端午，崖州人民都会聚集在宁远河入海口的保港赛龙舟，祈求风调雨顺、鱼谷满仓

黎族原始制陶

海南岛制陶历史悠久，在黎族聚居地区的史前遗址中曾发现过陶片，文献中也不乏相关记载。黎族地区的制陶技术保留在哈方言、润方言、赛方言、美孚方言等区域

苗族盘皇舞

盘皇舞是海南苗族世代流传的最古老的舞蹈，海南苗族其他的舞蹈都是由此演变衍生。盘皇舞是为祭祀盘古而舞，展现了苗族民间舞蹈的独特风采

海上疍家

源于海上生活形成的疍家生活民俗，是三亚这个由渔村发展而成的滨海城市的特色文化之一

苗族盘皇舞

黎族原始制陶

海上疍家

天涯区

海棠区

吉阳区

三亚市

三亚港

榆林港

亚龙湾

鹿城风光

> 请到天涯海角来
> 琼崖第一名胜地
> 「南海情山」鹿回头
> 珍稀珊瑚栖息地
> 南海佛山福泽处

请到天涯海角来

"请到天涯海角来,这里四季春常在……"20世纪80年代初,一首脍炙人口的海南经典歌曲《请到天涯海角来》,将海南的盛情邀请传遍大江南北,让人们记住了"天涯海角",也使"天涯海角"成为海南和三亚旅游的标志和代名词。

天涯海角游览区位于三亚市政府以西约20千米处,是海南的标志性景区。因景区两块巨石分别刻有"天涯""海角"二字及郭沫若题写的"天涯海角游览区"而得名。1984年,天涯海角摩崖石刻群被辟为风景名胜区,作为海南岛著名标志景区正式接待中外宾客。2001年,天涯海角风景区成为国家首批4A级景区。

这里近看有婆娑椰林,远望可见帆影点点,沙滩上奇石林立,最为突出的是"天涯""海角""日月""南天一柱""海判南天"等石刻群,形状各异,雄峙壮观。除了闻名遐迩的石刻群外,天涯海角游览区还包括历史名人雕塑群、"海判南天"300周年雕塑墙、"饮水""思源"井、桶井火车站、"天涯海角星"纪念雕塑、好运天涯景观大道、"天涯

"天涯"石

一棵树"、天涯人生路、情侣树、知鱼湖、天涯海角婚礼殿堂、天涯文化苑等游览景点,并建有海水浴场、钓鱼台等设施,开通了海上游艇等服务项目,让自然、文化景观与休闲娱乐相融合。

自古以来,"天涯海角"就不断出现在文人骚客的作品里,"海上生明月,天涯共此时"的亲情寄思,"海内存知己,天涯若比邻"的友情抒怀,"天涯地角有穷时,只有相思无尽处"的爱情表白……都赋予"天涯海角"别样的魅力,滋养了世人的"天涯情怀"。来三亚旅游的游客,基本上都有一张站在"天涯"石下的留影。

"天涯"石高约10.8米,周长约66米,圆中见方,方中呈圆,是景区的标志和象征。清雍正五年(1727年),崖州知州程哲于此巨石上题刻"天涯"二字,"天涯"石因此得名。"海角"石则颇为神秘地隐藏在"天涯"石的背后,"海角"二字为1938年时任琼崖守备司令部司令的王毅将军所题刻,"海角"二字被刻在最高的尖石上。1961年郭沫若在"天涯"石的另一侧题写了"天涯海角游览区"七个大字。

但最早的"天涯海角"并不在海南三亚,而是在广西北部湾畔。据宋代周去非的《岭外代答》记载:"钦州有天涯亭,廉州有海角亭,二郡盖南辕穷途也。钦远于廉,则天崖之名,甚于海角之可悲矣。"彼时钦州"天涯亭"和合浦廉州的"海角亭"便是"天涯海角"的标志。清康熙五十三年(1714年),在康熙皇帝组织官员进行的中国历史上第一幅绘纬度实测全国地图《皇舆全览图》的测绘活动中,测绘官员奉旨在下马岭与南海的山海连接处(现天涯海角景区内)的一块巨石上刻写"海判南天"四字,由此"海判南天"成为三亚天涯海角游览区内最早的石刻。2014年11月,景区建立了"海判南天"300周年雕塑墙。

天涯海角景区风光

石刻群中的"南天一柱"石也小有历史。清宣统元年（1909年），范云梯调任崖州知州，他期望崖州能成为祖国山河的一根擎天玉柱，故题刻"南天一柱"于巨石之上，以祈求施政一帆风顺，国泰民安。郭沫若在游览后颇有感慨地写下"南天一柱立，相与共盘旋"的诗句。"南天一柱"石景观还曾被选作1980年、1990年版贰圆人民币背面图案，让中国百姓共同目睹了它的风采。转眼来到21世纪，这块高耸的圆锥形奇石仍屹立不倒，见证着三亚的进步、海南的发展。

而"日月"石，则较具浪漫色彩。两块交叉矗立的巨石，分别刻着"日""月"两个字，由《人民日报》原总编辑范敬宜题写。在大自然的巧妙安排下，两块巨石构成"心"形，所以也被称为"爱情石"。

天涯海角游览区除了"天涯"石、"海角"石、"海判南天"石、"南天一柱"石、"日月"石五大著名巨石外，还有"四季平安"石、"仙人

天涯海角奇石

南天一柱

"南天一柱"石

叠"石、"人字门"石、"玉兰含苞"石、"三亚人"浮雕石等石景,让沉默的石头,也拥有了不平凡的意义。

三亚不仅石景名声在外,其他景致也拥有别样的风采。

历史名人雕塑群、"饮水""思源"井、桶井火车站承载了海南的点滴历史印记。历史名人雕塑园里竖有赵鼎、鉴真、钟芳、冼夫人、林缵统、黄道婆、胡铨、李德裕等人的雕像,他们对海南发展作出的贡献,值得后人缅怀与铭记。"饮水""思源"井建于清雍正年间,是崖州知州程哲在此巡视民情时,为黎民百姓挖掘的,后来人们将两口井命名为"饮水""思源"井,以缅怀程哲"一日为官,终身为民"的崇高品德。桶井火车站是三亚历史上最小的火车站,在 20 世纪 90 年代已停用。作为一条窄轨铁路上的车站,它记录着 1940 年至 1943 年间侵华日军对海

天涯海角景区大门

南珍贵矿产资源的掠夺历史。抗日战争胜利后，这条铁路成为海南岛南部唯一的一条运输干线。

好运天涯景观大道、"天涯一棵树"、情侣树、知鱼湖，则是充满了海南风情的热带景观。情侣树是天涯海角游览区的明星树，两棵椰子树，树干相互依靠，椰叶相互交融，像一对相亲相爱的男女，让人倍感幸福甜蜜。而"天涯一棵树"是一棵树根与树干都被巨石压住，但仍顽强从石缝中长出的参天大树，让人体悟生命力的顽强与旺盛。

除了石雕群、历史名人雕塑群以及零散分布的景点，关于三亚的天涯文化，还可在天涯文化苑了解更多。馆内以历史影像、文学作品、文化活动等多个展区对天涯文化进行了全面的梳理和展示，徜徉其中，便离天涯文化更近了一步，可获得更多的"天涯海角"感悟。

代表忠贞不渝爱情的"日月"石

三亚景区导览图

崖州湾

古崖州城

崖州区

314

225

海山奇观（小洞天）

南山文化旅游区

天涯海角

神州第一泉

海棠区

落笔洞遗址

224

落笔洞

天涯区

蜈支州岛

海棠湾

吉阳区

热带海滨

三亚港

三亚市

鹿回头公园

亚龙湾国家旅游度假区

榆林湾

亚龙湾

竹湾

大东海旅游度假区

图例	
◎ 三亚市 地级行政中心	━━ 高速铁路
◉ 天涯区 县级行政中心	━━ 铁路
------- 县级界	━━ 国道
━━ 高速公路	━━ 省道
	河流、湖泊

琼崖第一名胜地

三亚南山大小洞天风景区位于三亚市政府以西 40 千米处的南山山麓，始创于南宋淳熙十四年（1187 年），至今已有 800 多年历史，是中国南端的道家文化旅游胜地，因其奇特秀丽的海景、山景、石景与洞景被誉为"琼崖八百年山水名胜"。

三亚大小洞天旅游区现以"洞天福地、海山奇观"为脉络，以道家文化、鳌山（南山）长寿文化、南海龙王文化、古崖州民俗文化为主线，融婚庆服务、科普研学、滨海休闲、空中游览、海上体验为一体，共有 50 多个游览景点。景区内云深林翠，岩奇洞幽，泉水淙淙，碧波万顷，组合成一幅秀美的山海林泉画卷。1994 年，被国务院批准为三亚热带海滨国家重点风景名胜区，2007 年 5 月 8 日由国家旅游局（现文化和旅游部）正式批准为国家首批 5A 级旅游景区。

"洞天"，是道家用语，指神道居住的名山胜地。自唐宋以来，南山大小洞天便以神仙洞府著称于世。相传宋代著名神仙道士——南宗五祖白玉蟾曾归隐于此修炼和传法布道。南宋淳祐年间，吉阳军知军毛奎

海边摩崖

因醉心于大小洞天美景而对之进行开发,并留有《大小洞天记》等石刻文字。现今景区海边巨崖之下有一处"小洞天",虽然经过岁月的洗礼,但仍能寻得些许"小洞天大洞天听神仙真经千卷,实乃洞天福地;不老松试剑峰看南海碧波万顷,堪称海山奇观"的意境。在南山大小洞天景区现留有"钓台""海山奇观""仙人足""试剑峰"等摩崖石刻,或隐含着神秘的传说,或记录着历史往事,让后人代代相传。

除了南宗五祖白玉蟾、知军毛奎,大小洞天也曾与唐代高僧鉴真、宋代著名的纺织革新家黄道婆等历史名人结缘。

自唐天宝元年(742年)起,唐代高僧鉴真为弘扬佛法带领弟子东渡日本,前几次均告失败,第五次漂流至南山大小洞天海岸登陆,

"小洞天"摩崖

在三亚居住一年，修造大云寺，传播佛教文化，并最终于天宝十二年（753年）第六次东渡时获得成功。黄道婆则在向黎族人民学习棉纺织技术后，从大小洞天登船离岸，把崖州的植棉技术和棉纺技术传播到今上海地区。时间会过去，但故事却永存。为纪念鉴真一行成功东渡这一历史壮举，大小洞天景区特建造巨型群雕，将历史生动地展现在游客面前。

在小洞天的对面，有一群像是刚刚从海里爬上岸的石龟，共九只大石龟和一只小石龟，即为九九归一景点。这个景点是为纪念1999年12月20日澳门回归而建，寓指合家团圆。"龟"在道家文化里象征着长寿，这里取"龟"的谐音"归"。长寿文化其实也是大小洞天文化中很浓墨重

海基塔

大小洞天风景区海滨风光

彩的一笔，在大小洞天景区里生长着三万多株"长寿树"——千年不老松；松园里的寿字碑上的"寿"字，为慈禧太后御笔书法。

"龙"是中华民族的图腾，龙文化是中华文化的重要组成部分，每当我们自称"龙的传人"时，内心总会油然而生一种骄傲与自豪。有水的地方，总少不了龙。依山傍海的大小洞天景区也不例外，正对南海处建有南海龙王别院，院内有一座1.9米高的南海龙王原身像，是了解和传播南海龙文化的重要场所。

总观大小洞天景区，是呈狭长状、沿海岸线分布的。沿途一半是风光旖旎的海景，一半是林海奇石的山景，行走其间，可将山海奇观尽收眼底。景区里还坐落着一个自然博物馆，馆藏品包括被联合国科教文组织称为"20世纪惊人的发现"的辽西热河古生物化石、被誉为"东方神木"的海南阴沉木等全国各地珍贵的古生物化石以及由海南当地独有的动植物制作的标本，为游客进一步了解海南打开了一扇窗口，同时这里也是全国科普教育基地。2013年景区被国家体育总局评定为全国青少年露营基地，自此景区开始把研学旅行作为重要产业方向。依托自然博物馆、玄妙阁、鳌山国学、洞天胜景、小月湾等多样研学资源，结合中小学课本知识，开发出海岸线、博物馆、鳌山国学、洞天人文等4个主题系列9个研学旅行课程，着力为广大中小学生打造认识自然、了解人文、保护环境的综合素质教育基地。景区每年接待中小学研学团体超过8000人次，先后荣获"三亚市第一批全域旅游研学实践教育基地""全国青少年户外体育活动营地""海南省第二批省级研学旅行实践教育基地"等称号，并于2021年7月荣获世界研学旅游组织合作认证基地授牌，为景区未来打造知名研学旅行品牌奠定了坚实的基础。

此外，景区也是三亚首批全域旅游婚纱摄影拍摄基地。2020年景区在原有基础上重新布局，全新升级的婚拍基地打造出南海福门、幸福殿堂、水晶之恋、无边泳池、高山流水等32个婚拍场景及60多种婚拍道具，集中式国潮风格、西式浪漫风情、东南亚风情与热带滨海风情于一体，几乎涵盖时下所有时尚元素。基地落成以来，以其"一站式"的贴心服务、得天独厚的优美自然风光和人文资源一度成为新人们来海南婚拍的首选之地。

三亚大小洞天导览图

- 寿字碑
- 南海神鳌
- 金⋯
- 观⋯
- 魁⋯
- 玄妙阁
- 百岁阶
- 南海龙王别院
- 正门
- 太极广场
- 味道餐厅
- 鉴真群雕
- 椰林吧
- 三亚自然博物馆
- 九九归一
- 百年酸豆树
- 九九归一

南海龙王别院

老子望海

试剑峰

海山奇观

三佩铭

仙梯

小月湾精品酒店

静心桥

仙翁寿石

不材之木

老子望海

南极仙翁

延寿桥

仙坛

南山不老松

南极仙翁

寿字碑

石船

仙桃石

仙桃石

转运石

小洞天

小洞天

N

"南海情山"鹿回头

鹿回头风景区是国内外游客来三亚必游的标志性景区之一，它坐落在三亚市区西南端鹿回头半岛内，1989年建成开放。景区三面环海，一面毗邻三亚市区，是登高望海、观看日出日落与俯瞰三亚市区全景的佳处。1994年，鹿回头风景区被评为国家级风景名胜区，2017年荣获国家4A级旅游景区称号。景区以"山、海、河、港、城、林"相依的景观特色，成为三亚"鹿城"的重要标志和重要观景点，也是三亚热带海滨风景名胜区的重要组成部分。

鹿回头风景区以爱情文化和生态展示为主题，除了主景点鹿回头雕塑之外，还有"爱"字摩崖石刻、"永结同心"台、连心锁、夫妻树、仙鹿树、海枯不烂石、"爱心永恒"石刻等极富浪漫气息的景点。同时还有"丰收图""祭典图"等黎族文化图腾石刻，让游客充分领略黎族多姿多彩的风土人情。

鹿回头每年推出四大文化旅游节庆活动，分别为春季嘉年华、夏季情山国际啤酒节、秋季猕猴生态节、冬季国际欢乐节，让游客切实

鹿回头夜景

感受"牵你的手去鹿回头"、"一见钟情鹿回头"、"鹿回头上望鹿城"等不同主题的旅游观光体验。

鹿回头雕塑矗立在鹿回头风景区五岭的最高峰上，是海南岛内极负盛名的花岗岩雕塑，高15米，长10米，宽5米，由著名雕塑家林毓豪根据一个美丽动人的黎族传说所作。传说在很久很久以前，在海南中部山区住着一对勤劳善良的黎族母子，儿子阿吉哥是当地有名的黎族青年猎手，头束红巾，手持弓箭，从五指山追赶一只美丽的坡鹿，一直追了九天九夜，翻过了九十九座山，直到南海之滨，面对烟波浩翰的南海，前无去路。此时，青年猎手正欲搭箭射猎，坡鹿突然回头含情凝望，变成一位美丽的少女向他走来，青年猎手与少女一见钟情，从此结为夫妻。他们在这片土地上，披荆斩棘、搭起茅寮，耕种纺织、捕鱼狩猎、种植椰树、繁衍生息、天长日久、形成一个黎家山寨，人们根据这一传说，便称山寨为"鹿回头"。2009年，鹿回头

雕塑荣获住房和城乡建设部与文化部（现文化和旅游部）联合颁发的"新中国城市雕塑建设成就奖"。此雕塑被当成三亚的城市标志和名片，三亚市也因此被人们称为"鹿城"。

依托这样一个浪漫的传说，在景区内随处弥漫着爱的气息。中央工艺美术学院何宝森教授题写的"爱"字摩崖、以"爱"字摩崖为中心建造的山盟亭、国防部原部长张爱萍将军题写的"一见钟情"和"神话姻缘"石碑、著名青年书法家孙凯题写的"海誓山盟"摩崖、相互依偎盘结的"夫妻树"等各种具象的事物，给景区营造出一种温馨浪漫的氛围，提醒人们要抓住幸福、享受幸福、珍惜幸福。

鹿回头雕塑全景

　　作为海南著名的标志景区，鹿回头风景区不仅传说动人，风景也令人惊艳。在沿山道向山顶前行的过程中，一路繁花鸟鸣相伴，让人身心放松，宛若置身于一个自由自在的自然王国。在景区制高点往下俯视，更可一饱眼福：白天放眼望去，大海浩瀚，碧波万顷，穿梭的游艇和渔船凸显了生活的动感，山、河、城、海浑然一体，往更远处望去，山峦连绵，仿佛将整个三亚抱在怀中；如果赶上日出日落，则像置身于电影之中，看光影神秘变幻；夜晚景色更是别具风情，山上艺术夜景灯光交织，山下万家灯火璀璨，灯光倒映的海面上，波光粼粼，如诗般梦幻醉人。

珍稀珊瑚栖息地

三亚的水上风光令人心旷神怡，水下景观更令人惊叹。在三亚市鹿回头半岛沿岸、东瑁洲岛、西瑁洲岛、亚龙湾海域，即东经109°20′50″~109°40′30″，北纬18°10′30″~18°15′30″范围内，有一个"水下王国"，即三亚珊瑚礁国家级自然保护区。

保护区自东向西由亚龙湾片区、鹿回头半岛—榆林角片区和东、西瑁洲岛片区三部分组成，总面积85平方千米，各片区分为核心区、缓冲区和实验区。其保护对象为珊瑚礁及由珊瑚礁构成的典型热带海洋生态系统与海洋生物物种。

珊瑚是一种经济价值和生态价值都很高的海洋无脊椎动物，三亚沿海自然环境良好，很适宜珊瑚的生长繁殖，在漫长的地质年代，多种珊瑚在这里不断繁衍，形成了大片珊瑚礁。珊瑚礁，被称为"海底热带雨林"，它们形状各异，如鹿角，如树丛，如花朵，与海洋生物共生共存，构成了一个生物多样性极高的生态环境。珊瑚礁为许多动植物提供了生活环境，比如蠕虫、软体动物、海绵、棘皮动物、甲壳动物、幼鱼等，珊瑚礁甚至可以说是动植物们"水底下的家"。

我国的珊瑚礁，从台湾岛及其离岛开始，一直到南海均有分布，以南海诸岛为多。从20世纪80年代到90年代初，珊瑚礁及保护区域内生态破坏比较严重。人为直接破坏主要有三种：采挖珊瑚礁烧石灰、采摘珊瑚石作为旅游工艺品出售、在海洋周边炸鱼和毒鱼，这些行为都给珊瑚礁造成致命的伤害。在西瑁洲珊瑚礁保护站，珊瑚礁覆盖面积曾一度从80%下降到20%。为了保护三亚区域的珊瑚礁及其生态环境，1989年1月19日三亚市批准建立大东海珊瑚礁保护区和鹿回头湾珊瑚礁保护区两个市级珊瑚礁保护区。1989年6月24日，国家海洋局向国务院申请建立包括三亚珊瑚礁自然保护区在内的5个国家级海洋自然保护区。1990年9月30日，国务院批准建立三亚珊瑚礁国家级自然保护区。

在保护区海域，已经鉴定的造礁珊瑚种类有110余种。其中，优势种群有鹿角珊瑚、杯形珊瑚、脑珊瑚和滨珊瑚等。在保护区所在海域还发现浮游植物131种，浮游动物80种，鱼类296种，甲壳动物70种，濒危动物有玳瑁、绿海龟和中华鲎。这些丰富的珊瑚种类和多样的礁栖生物，使三亚成为中国热带海洋生态系统中最重要的区域之一。

其实，珊瑚虫很脆弱，藻类、水母、海星等都会破坏珊瑚虫的生存环境，影响珊瑚和珊瑚礁的形成。现如今，经过保护，三亚的珊瑚礁有所恢复，正以每年最多不超过2厘米的"龟速"缓慢地生长着，在海底呵护着诸多动植物的繁衍生息。

珊瑚

南海佛山福泽处

南山文化旅游区位于三亚市政府以西40千米处，是经国务院批准兴建的具有"像寺合一"特质的佛教主题景区，为国家首批5A级景区之一。南山为五指山余脉，古称鳌山，海拔487米。

自1998年开园以来，南山文化旅游区先后组织建设了佛教文化苑、观音文化苑、福寿天地、南海风情、大门景观区、天竺圣迹佛陀馆等大型文化旅游项目。景区内山景、海景兼有，风光秀丽，集佛教文化、福寿文化、生态文化、民俗风情、历史传说、园林景观为一体。

南山，历来被视为佛家的福泽圣地。据佛经记载，观音菩萨为了救渡芸芸众生，发了十二大愿，其中第二愿即是"长居南海愿"；唐代著名高僧鉴真东渡日本，遭台风所阻漂至南山，驻留休整期间，在此弘扬佛法；在南山山麓，曾发现唐代"藏经石"；据《崖州志》记载，南山自产莲花，而莲花是佛教的圣花……众多史实和传说为南山与佛教增添诸多殊缘。

来到南山文化旅游区，最先看见的便是不二法门。佛教有八万四千

1999年在建设中的南山南海观音

法门，不二法门是最高境界。通过此门，便进入了吉祥清静的南山佛教圣地。

有门便有寺。南山寺是一座仿盛唐风格、居山面海的大型寺院。南山寺是经国家宗教事务局批准建立，由中国佛教协会已故会长赵朴初亲临选址，于1995年11月11日奠基，1998年4月12日建成的。建成后赵朴初居士亲笔题写了"南山寺"和"海天丛林"匾额。现有仿唐建筑仁王殿、天王殿、钟楼、转轮藏、东西爬山廊、东西配殿、金堂等建筑群。整个建筑气势恢宏，为中国近50年来新建的最大佛教道场，也是中国南部最大的寺院。南山寺正殿叫金堂，供奉着三尊主像，中间为释迦牟尼，其左胁侍为文殊菩萨，右胁侍为普贤菩萨。寺内香火不断，梵音萦耳。

三十三观音堂，则与南山寺正殿不同，主要供奉的有观世音菩萨三十三种应化法身群像、观世音菩萨三灾八难浮雕全图、人间第一财神龙五爷、天下第一聚宝盆等。其中三十三观音群像因规模在全世界最大已经被载入大世界基尼斯世界纪录。三十三观音像群长 50 米，重 15 吨，是目前世界上规模最大、工艺最精湛的室内观音群像，三十三尊观音应化法身群像伫立于 50 米长的流动彩色水系之上，姿态各异，严慈祥和，如菩萨真身现世，利乐有情，普渡众生。

三十三观音堂之外,还有更令人惊叹的海上观音和金玉观音。高108米的海上观音被誉为"世界级、世纪级"的佛教造像工程,1999年开工,历时六载,2005年4月15日建成,2005年4月24日举行开光大典。观音圣像宝相庄严,造型挺拔,矗立在海边与南山寺、三十三观

南山文化旅游区

音堂互相遥望。观音圣像一体化三尊，三面观音手中分别持珠、持莲、持箧，各有不同寓意。而金玉观音则被供奉在金玉观音阁中，是目前世界上最大的一尊金玉佛像。这尊3.8米高的观世音雕像内镶释迦牟尼舍利子，耗用黄金、南非钻石、红蓝宝石、祖母绿、珊瑚、珍珠等各种奇珍异宝敬造而成，是当代工艺美术史和佛教造像艺术史上的稀世瑰宝。

在南山，祈求心愿是人们喜闻乐见的民俗之一。除了在观音像前和佛堂里祈愿，在"群象雕塑"景点也可以祈愿。据佛经记载，释迦牟尼前生曾为六牙白象，因此，象历来被视为佛教的吉祥物。"群象雕塑"景点有十二头栩栩如生的石雕大象，代表着一年十二个月，寓意月月吉祥。荫庇石雕大象的百年酸豆树便成为了祈愿树，挂着众多游客写

远眺南海观音

满了祝福语的祈愿牌，一颗颗虔诚的心会聚于此，形成了一道亮丽的风景线。

中国自古有名句"福如东海，寿比南山"，南山与福寿文化也颇有渊源。在南山建有长寿谷，有百年古树、寿倒三松、百寿堂、百岁阶等众多景点。南山文化旅游区每年还会举办长寿文化节，以"长寿、健康、生命、运动、旅游"等为主题，组织和开展多彩多姿的文化活动，弘扬福寿文化。

南山文化旅游区的园林景致设计也非常出色。南山月湾路曲径通幽，成为山海间的巧妙牵连。而酸豆林上的树屋，造型别致，状若鸟巢，置身其中能感受到大自然所赋予的别样情调。

度假天堂

[亚龙湾度假区
海棠湾度假区
三亚湾度假区]

亚龙湾度假区

亚龙湾,古称琊琅湾、后称牙龙湾,1992年正式使用亚龙湾这个名称。

亚龙湾气候温和、风景如画,一步入度假区,映入眼帘的便是公路两旁如绿色的隧道般的热带林木,它们将游人带入清凉而曼妙的时光,仿佛进入传说中的绿野仙境。这里三面青山相拥,南面呈月牙形向大海敞开。除阳光、海水、沙滩俱佳外,亚龙湾还有奇石、怪滩、田园风光,构成了独具特色的风景。锦母角、亚龙角激浪拍崖,怪石嶙峋,是攀崖探险活动的良好场所。海面上以野猪岛为中心,南有东洲岛、西洲岛,西有东排、西排,它们围合成水上运动区,可开展多种水上运动项目。度假区内约8000米长的海岸线上椰影婆娑,众多奇花异草和原始热带植被呈现出强烈的生命力,各具特色的度假酒店错落有致地分布其间,恰似一颗颗璀璨的明珠,把亚龙湾装扮得风情万种、光彩照人。

早于其他三亚度假区开发的亚龙湾,适宜四季游泳和开展各类海

1996年开发建设中的亚龙湾

上运动项目，它集中了现代旅游的五大要素：海洋、沙滩、阳光、绿色、新鲜空气。这里海湾面积达66平方千米，可同时容纳10万人嬉水畅游，数千只游艇游弋追逐。这里的海水清澈见底，可以清晰地看见10米以下的海底景观。这里的海滩宽阔平缓，砂粒洁白细腻，为国内罕见，可与国际上任何著名的热带滨海旅游度假胜地相媲美。

最值得称道的是亚龙湾海底世界，它拥有世界上最大、最完整的软珊瑚族群以及丰富多彩的硬珊瑚、热带鱼类等海洋生物，是中国乃至世界范围内开展海底观光旅游的最佳景区之一，凡到过亚龙湾的人无不被这里的美景所陶醉。这里还有"海底游览""空中跳伞""海底漫步"等项目。

"海底游览"是通过从澳大利亚进口的国际上最先进的半潜式海底游览船，让游客像潜水员一样一睹海底的神奇景观；"空中跳伞"，指游人穿戴专业设备后，可从开阔的海上平台自由起落，在浩瀚无垠的海上

亚龙湾热带天堂森林公园

天空随意翱翔，体验一段奇妙的旅程；"海上快艇"是喜欢刺激的旅游者喜欢的项目，快艇马力大，速度飞快，由专业驾驶员操控，游客在坐舱里即可观看大海或岛礁，领略亚龙湾热带海域迷人的风光；"海上摩托艇"马力强劲，操作简便，可由游客自己操作，也可由工作人员驾驶带游客在海上飞驰；"海上垂钓"则是海钓爱好者钟情的项目，分远海钓和平台钓，前者由项目单位提供鱼竿和饵料，游客穿好救生衣，在陪钓导游指导下乘快艇出海垂钓，平台钓的游客由快艇送达平台船，便可悠闲地在平台上垂钓；"海底漫步"是潜水爱好者的必选项目，游客在教练指导下配戴供氧的防压头罩，之后可乘船到指定区域，顺着直通海底的水梯走到4～5米深的海底珊瑚周围游览观光，整个行程约

亚龙湾热带天堂森林公园玻璃栈道

20～30分钟，好不惬意。

作为中国最美的八大海岸之一，亚龙湾名不虚传，在各地海湾崛起的今日，依然魅力不减。亚龙湾的海底世界沙滩酒店别具特色，它是由日本进口的3800吨大型客轮改装成的目前中国规模最大的海上娱乐酒店，为游客提供客房、餐饮、娱乐、游戏、购物等各种游乐服务设施。

霍英东先生生前曾是亚龙湾的痴迷者，他曾这样评价："亚龙湾美丽的海滩，香港没有，日本没有，印尼的巴厘岛不及，只有夏威夷同属休闲型，但亚龙湾的阳光、海水、沙滩、高山、空气五大旅游要素优于夏威夷，亚龙湾可以建成亚洲最理想的度假胜地。"

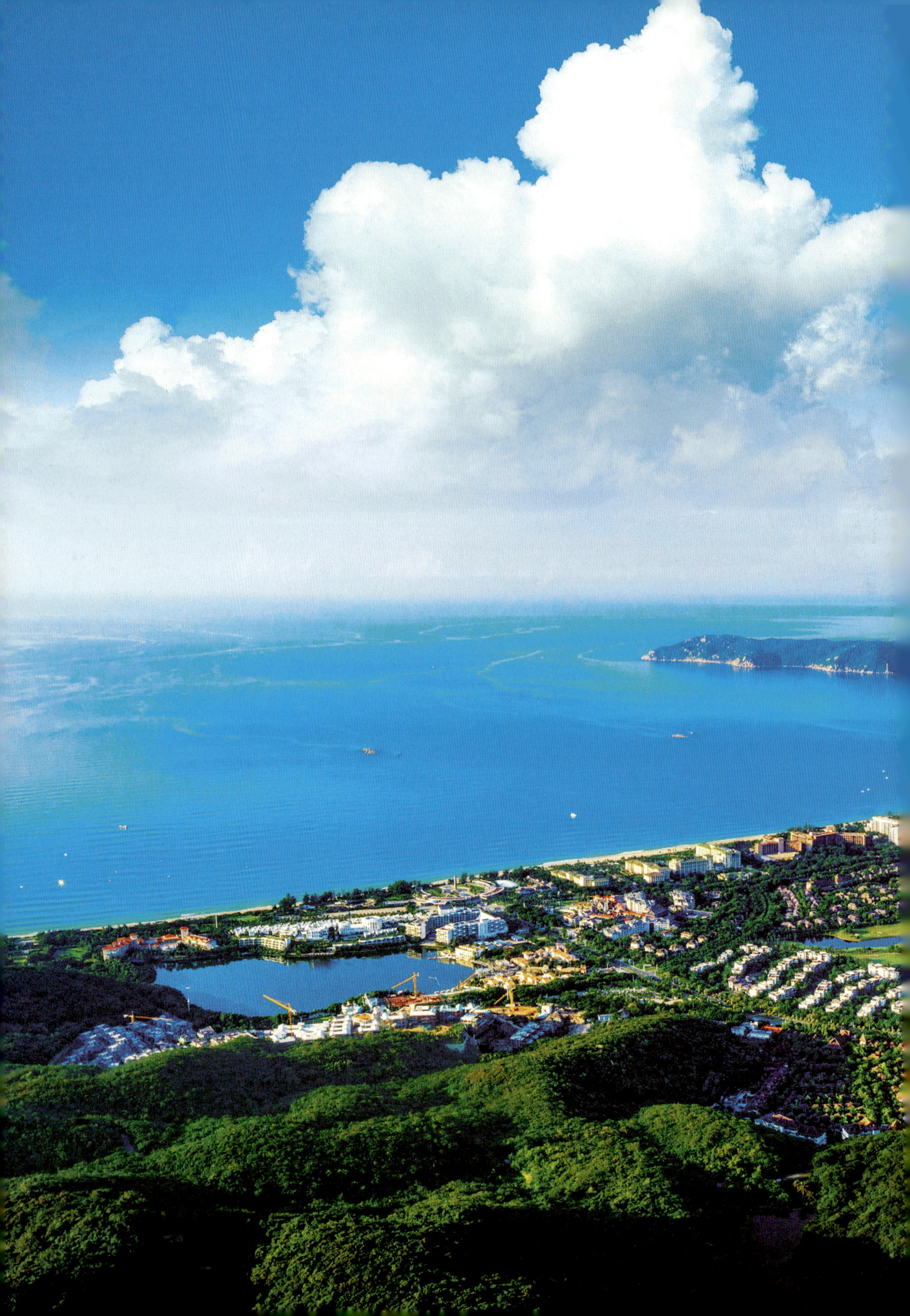

远眺亚龙湾

海棠湾度假区

海棠湾度假区位于三亚市东部，距市区 28 千米，度假区内旅游资源丰富，自然风光旖旎。海棠湾其实只是"半湾"，由于地处三亚市海棠区与陵水黎族自治县英州镇交界处，按行政区划将完整的海湾一分为二，三亚境内的一半取名海棠湾，陵水境内的一半取名土福湾。

2007 年 5 月，海南省政府正式批准将海棠湾总体定位为"国家海岸"国际休闲度假区，集休闲度假、海洋科研、教育、博览、医疗康养等功能于一体。在这样的规划蓝图下，海棠湾内自然风光与人文景观交相辉映，有蜈支洲岛、椰子洲岛、南田温泉、铁炉港、伊斯兰教古墓群等，亦有世界一流的游艇基地、亚洲最大的免税城、高端康体养生高地、多家高端酒店组成的滨海"酒店带"等。

如果游客来到海棠湾，可以在蜈支洲岛体验潜水的神奇。2016 年，蜈支洲岛曾获得"中国最美休闲度假旅游胜地"的荣誉称号，岛上风光绮丽，有妈祖庙、情人桥、观日岩、金龟探海、情人岛、生命井、观海

海棠湾椰子洲岛

　　长廊等景观，亦有潜水、摩托艇、香蕉船、独木舟、拖曳伞、海钓、滑水、沙滩摩托车、沙滩排球、沙滩足球等各种海上和沙滩娱乐项目，度假别墅、海鲜餐厅等配套设施齐全。最值得一提的是潜水，蜈支洲岛享有"中国第一潜水基地"的美誉，四周海域清澈透明，海水能见度6～27米，水域中盛产夜光螺、海参、海胆、龙虾、马鲛鱼、鲳鱼及其他五颜六色的热带鱼。潜入水中，可尽览海底世界的神秘。

　　如果游客来到海棠湾，可以在后海湾滕海渔村体验渔民生活。后海湾水清沙白，是三亚最后一个尚未被开发的原始海湾，海湾南端弧顶处的小丘还曾是中央电视台拍摄千禧年第一缕晨曦的取景点。后海湾接轨国际，容纳八方，开放但又保留着自己的特色。在后海湾，游客能看到渔民们捕鱼归来的景象，地道生猛的海鲜食材，别具特色的运动俱乐部和小旅馆以及世界各地的背包客。后海湾的沙滩是滕海渔村最欢乐的地方，沙滩上有沙滩排球、沙滩车、摩托艇、香蕉船等设施供游客娱乐，最常见的活动是游泳、冲浪和散步。每到冬季，各地的候鸟老人也纷纷来到后海湾过冬。

如果游客来到海棠湾，可以在椰子洲岛观赏最原始的椰林景致。椰子洲岛地处藤桥东西两河的入海口，岛上椰树成林，金椰、红椰、青椰等不同颜色的椰果悬挂枝头，是目前海南原始自然景观保留较完

整的岛屿。

海棠湾的 A 面，风景迷人；B 面，休闲养生。

如果你来到海棠湾，可以在南田温泉感受三亚知名度最高的"神州第一泉"的魅力。南田温泉属低温热矿水，含有多种对人体有益的矿物质和微量元素，曾在 2005 年被评为"中国最佳旅游度假胜地"，同时获得"旅游者最喜欢的三亚景区"的极高评价。

海棠湾风光

海棠湾正在崛起的酒店群

  如果你来到海棠湾，可以在亚特兰蒂斯酒店见识别具一格的海洋文化。亚特兰蒂斯酒店是我国首个，也是继迪拜与巴哈马之后的全球第三个亚特兰蒂斯综合型旅游酒店。这里有"失落的空间"水族馆，游客可观赏到白鲸、鲨鱼、鳐鱼、水母、倒吊鱼、海鳝和巨骨舌鱼等逾280种生物。这里有全年开放的水上乐园，设有数十条顶级滑道、极速漂流以及嬉水童趣乐园，刺激又好玩。这里有21家寰球美食餐厅，涵盖了欧陆自助餐、中式自助餐、日式料理等各式美食，游客可以品尝世界美食文化。

  如果你来到海棠湾，可以在三亚国际免税城进行一场奢华时尚的购物。三亚国际免税城是集免税购物、有税购物、餐饮娱乐、文化展示于一身的旅游零售高端商业综合体，这里的香水、化妆品、首饰、名表、皮具等商品琳琅满目。

三亚海棠湾红树林度假酒店

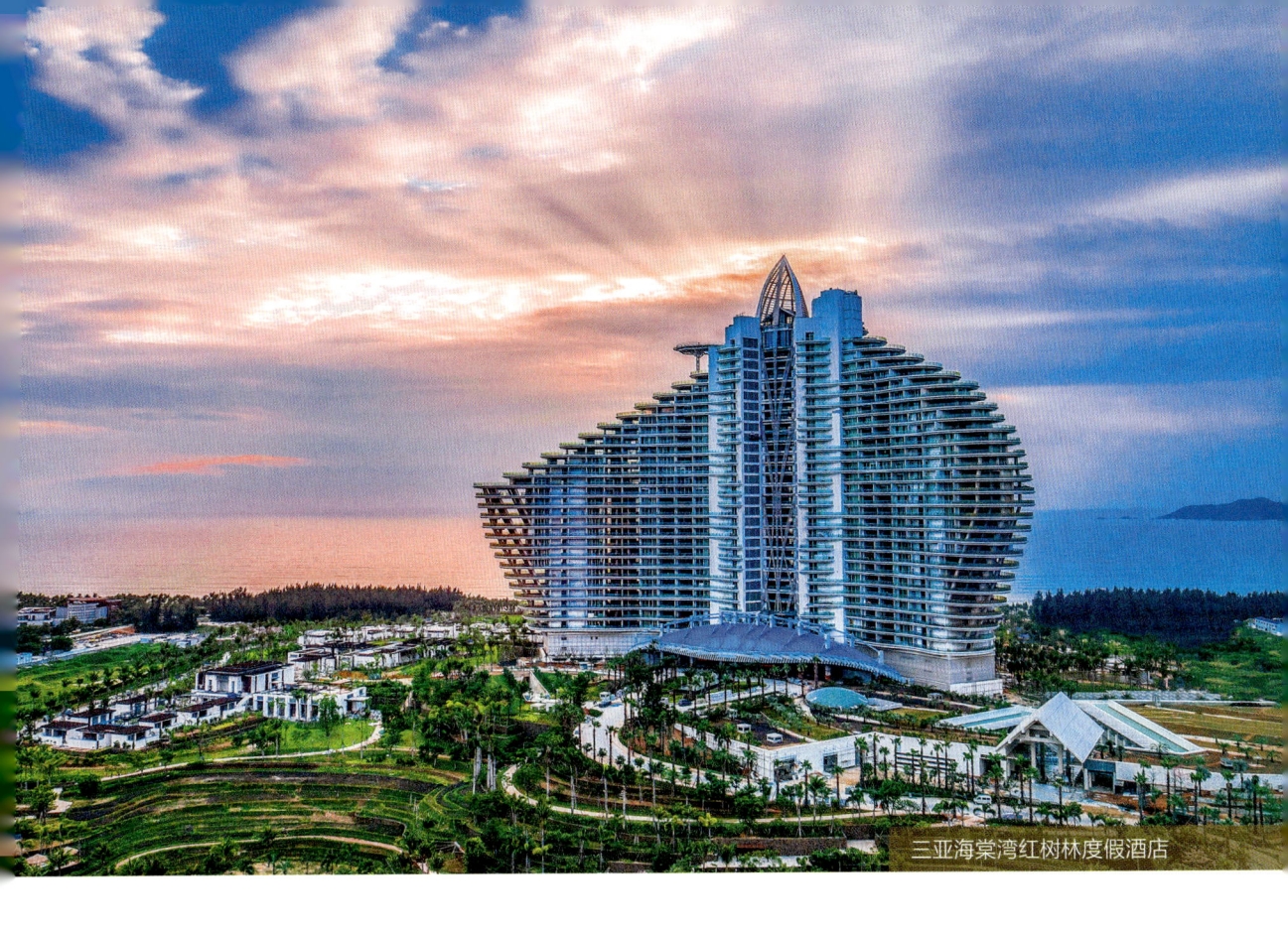

  如果你来到海棠湾，可以在海昌梦幻海洋不夜城尽享海洋主题的娱乐休闲方式。海昌梦幻海洋不夜城拥有十三大娱乐项目、两大剧场秀、三十余场环球风情演艺、八大主题餐厅、百余家商铺、各式全球美食……它将海上丝绸之路文化、海南文化和海洋文化融合在一起，实现海洋文化的全域体验，开辟了海洋主题娱乐休闲新领域。24小时全天全季候的运营模式，可满足游客多方面的休闲娱乐需求。

  如果你来到海棠湾，可以看到三亚医疗健康产业的蓬勃发展。解放军总医院海南医院、恒大国际合作医院、广安门医院、石药德中健康产业园、泰康之家海棠湾度假村、三亚海棠湾太平国际医疗康养项目、三亚国际生命健康科学管理中心纷纷落户于此，让海棠湾成为集医疗、保健和疗养于一体的绝佳之地。

  在海棠湾，我们可以看到生活与诗意并行。

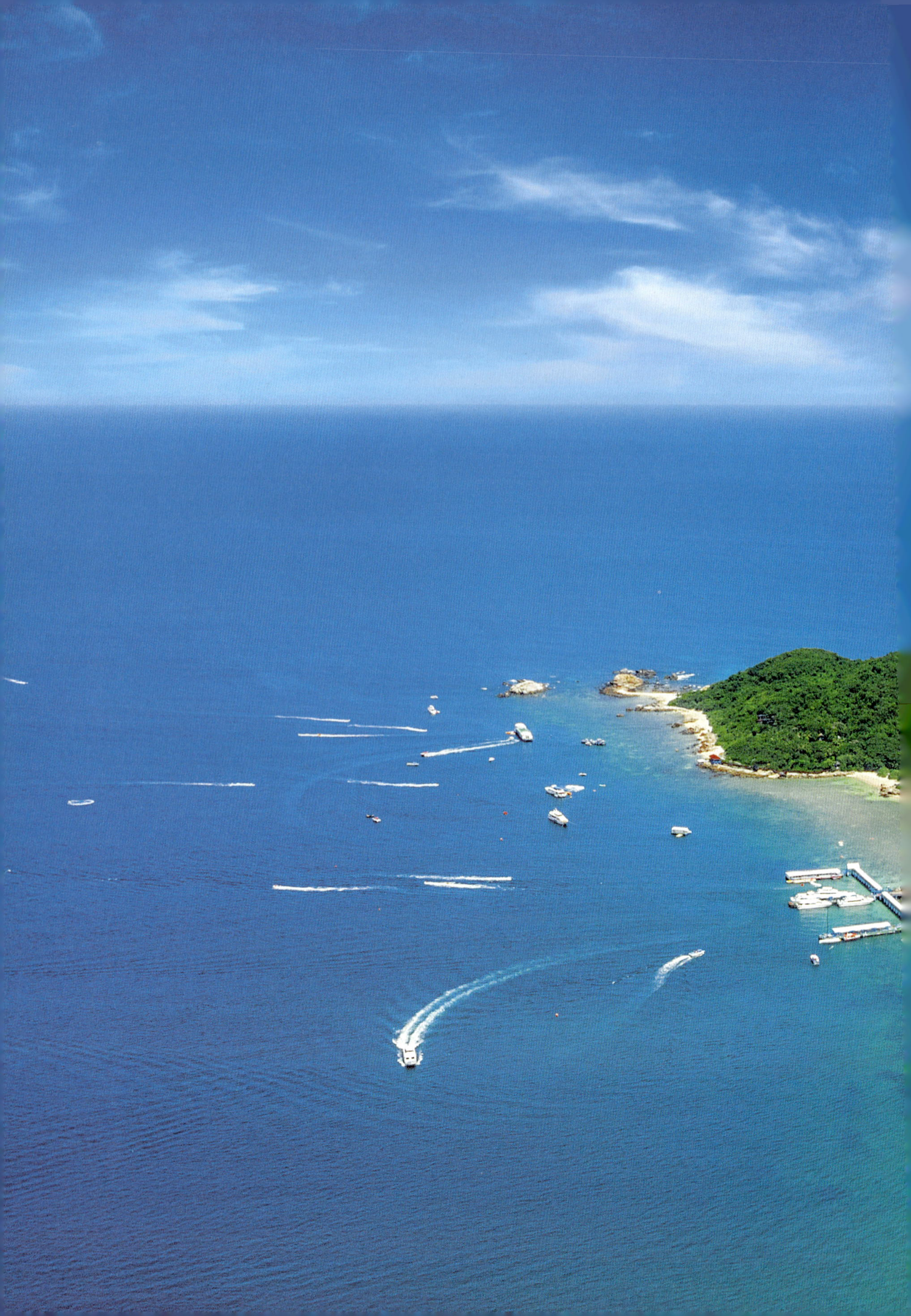

海棠区蜈支洲岛

三亚湾度假区

三亚湾，东起三亚港，西至天涯湾，绵延20余千米，海面开阔，银沙如练，可以遥望东瑁洲岛和西瑁洲岛，且紧挨着市区，地理位置十分优越，到机场、火车站、市中心以及其他重要旅游景点都十分便捷，备受市民、游客青睐。围绕三亚湾打造的度假区，是以热带海洋风光融合中国传统文化、海南民族风情为一体的休闲度假胜地。位于三亚风景区核心。

三亚湾畔修有一条著名的海滨风景大道——"椰梦长廊"，它绿树如带，椰影婆娑，有"亚洲第一大道"之美称。临海一侧为郁郁葱葱的热带植被，与细白的沙滩、湛蓝的大海相互映衬，组合成一道海岸风光迷人的亮丽风景线；另一侧是魅力四射的休闲度假区，从东到西，民居、酒店、度假村，布局巧妙，各有特点。

顺着"椰梦长廊"驱车，海风轻抚，大海、绿树、蓝天如诗如画般映入眼帘，令人沉醉。或从吉祥街、迎宾路、海虹路、凤翔路等坐公交车直下，尽头处横亘着的三亚湾是"椰梦长廊"画卷中的一个横截

晨光沐浴三亚湾

面，同样令人激动无比。从纵横不同的角度，都能展现出三亚湾迷人的风貌。

长长的三亚湾，分段比较明显：紧连市区的凤凰岛—金鸡岭路段的海湾为游乐观光区域，金鸡岭路—海虹路段的海湾为公共海边泳场和海上活动区域，海虹路—Club Med 三亚度假村段为拥有一批度假酒店和度假村的休闲区域。在不同的区域，可以享受不一样的海湾风情。

凤凰岛—金鸡岭路段的海湾有热闹的海月广场。柳叶雕塑、具有海南风情的标志性图腾、以"大海中的明月"意境构建的水池、以椰树为代表的热带草木和沙滩构成了海月广场的主要景观。"海月"二字取自唐代诗人张九龄《望月怀远》中的千古名句："海上生明月，天涯共此时。"这个命名没有辜负它的意蕴，在海月广场，能听到五湖四海的方言，能赏遍千姿百态的广场舞姿……天南地北的人们，在这里共玩一片海，共赏一片天，共享一片欢乐。

若说海月广场让人们体会了三亚的活力与包容，那凤凰岛—金鸡岭路段的三亚国际水上飞机中心则为人们打开了另一个欣赏三亚湾的视角。在这里，你可以乘坐水上飞机或观光直升机在三亚湾区域空中游览，把整个三亚湾的美景尽收眼底，甚至还可以选择不同的航线多方位鸟瞰三亚的风光。

如果想和大海进一步亲密接触，那就可以去金鸡岭路—海虹路段

的海湾。喜欢游泳的人，在这里可以像鱼一样自由地游乐在大海的怀抱中；喜欢水上项目的人，可以通过水上摩托艇、香蕉船、拖伞等在海上驰骋。

三亚湾畔酒店众多，尤其在海虹路—Club Med三亚度假村段更为集中，三亚康年酒店、三亚天通康达酒店、三亚丽禾温德姆酒店、三亚椰林滩大酒店、三亚阳光大酒店、三亚湾假日度假酒店、三亚万嘉戴斯度假酒店、海控·君澜三亚湾迎宾馆、三亚喜来登度假酒店、三亚湾

三亚湾椰梦长廊

晚霞盛装

皇冠假日度假酒店等豪华型和五星级酒店数不胜数,还有名声在外的Club Med三亚度假村,一幢幢风格各异的酒店、别墅,让人仿佛误入了立体的酒店建筑风情展。这段海湾较之前两段更为安静,如果入住这里,可以享有视野开阔、浪漫盈心的一线豪华海景房,枕海听涛,让生活的节奏慢下来。

在三亚湾度假区,有千千万万种休闲方式。

清早,可以沿着椰梦长廊晨跑。如果正巧碰上赶海时节的清晨,能看见海上点点帆影向岸边回拢的景象,古老的耕海方式让三亚这座年轻的滨海城市多了一份特别的点缀。满载的渔船,是大海真诚的馈赠。

上午到下午,能顺着椰梦长廊漫步,走到海边感受浪花的亲吻,尽情地游泳,体验各种不同的水上项目,跟着不同的广场舞派学学舞蹈,能在临海的亭子枕着海风小憩。

多姿多彩三亚湾

　　傍晚时分，是三亚湾一天中最温柔动人的时刻。海鸟在金灿灿的海面上飞翔着，像跃动的音符在奏着三亚湾的夕阳之歌。天空中云影变幻，金红、粉红、玫红、紫红等各种颜色变魔术似地隐隐现现。人们三三两两在沙滩上漫步玩耍，洒下一串又一串欢乐的笑声。

　　夜幕降临，三亚湾仍旧人气十足，除了散步和广场舞，沿线的街头表演和各家酒店的啤酒吧也为三亚湾增添了热闹的氛围。如果还想更深入地享受三亚湾的夜，可以坐游轮夜游三亚湾，换种角度欣赏岸边的旖旎风光和万家灯火。

　　三亚湾的一边是细浪轻抚的南海，一边是林立的酒店建筑，海洋文明的涛声与人间烟火的流动，两者奇妙地交织着。从空中俯视，三亚湾就像洒落人间的一抹弯弯的灿烂笑容，在热情地呼唤着八方来客。

三亚酒店业情况一览表

三亚湾度假区

豪华型酒店
- 悦榕庄度假酒店
- 三亚湾假日酒店
- 万嘉戴斯度假酒店
- 半岛龙湾玛瑞纳酒店
- 半山半岛洲际假酒店
- 胜意海景国际酒店
- 海韵度假酒店
- 亚太国际会议中心
- 三亚湾福朋酒店
- 三亚湾京海国际假日酒店
- 三亚迎宾馆

五星级酒店
- 三亚阳光大酒店
- 三亚天通建国酒店
- 三亚国光豪生酒店
- 三亚湾皇冠假日度假酒店

亚龙湾度假区

豪华型酒店
- 亚龙湾五号度假别墅酒店
- 亚龙湾华宇度假酒店
- 亚龙湾铂尔曼度假酒店
- 三亚美高梅金殿大酒店
- 瑞吉度假酒店
- 三亚太阳湾柏悦酒店
- 三亚亚龙湾假日度假酒店

五星级酒店
- 三亚喜来登度假酒店
- 三亚家化万豪度假酒店
- 三亚天域度假酒店
- 亚龙湾红树林度假酒店
- 金茂三亚希尔顿大酒店
- 金茂三亚亚龙湾丽思卡尔顿酒店
- 亚龙湾维景国际度假酒店

海棠湾度假区

豪华型酒店
- 万达希尔顿逸林酒店
- 万达康莱德酒店
- 三亚万丽度假酒店
- 海棠湾喜来登度假酒店
- 御海棠豪华精选假酒店
- 三亚海棠湾开维万达文华度假酒店
- 蜈支洲珊瑚酒店
- 海棠湾天房洲际酒店
- 三亚香格里拉度假酒店
- 三亚理文索菲特度假酒店
- 亚特兰蒂斯酒店
- 海棠湾红树林酒店

注：数据来源为2019年5月前采集数据。

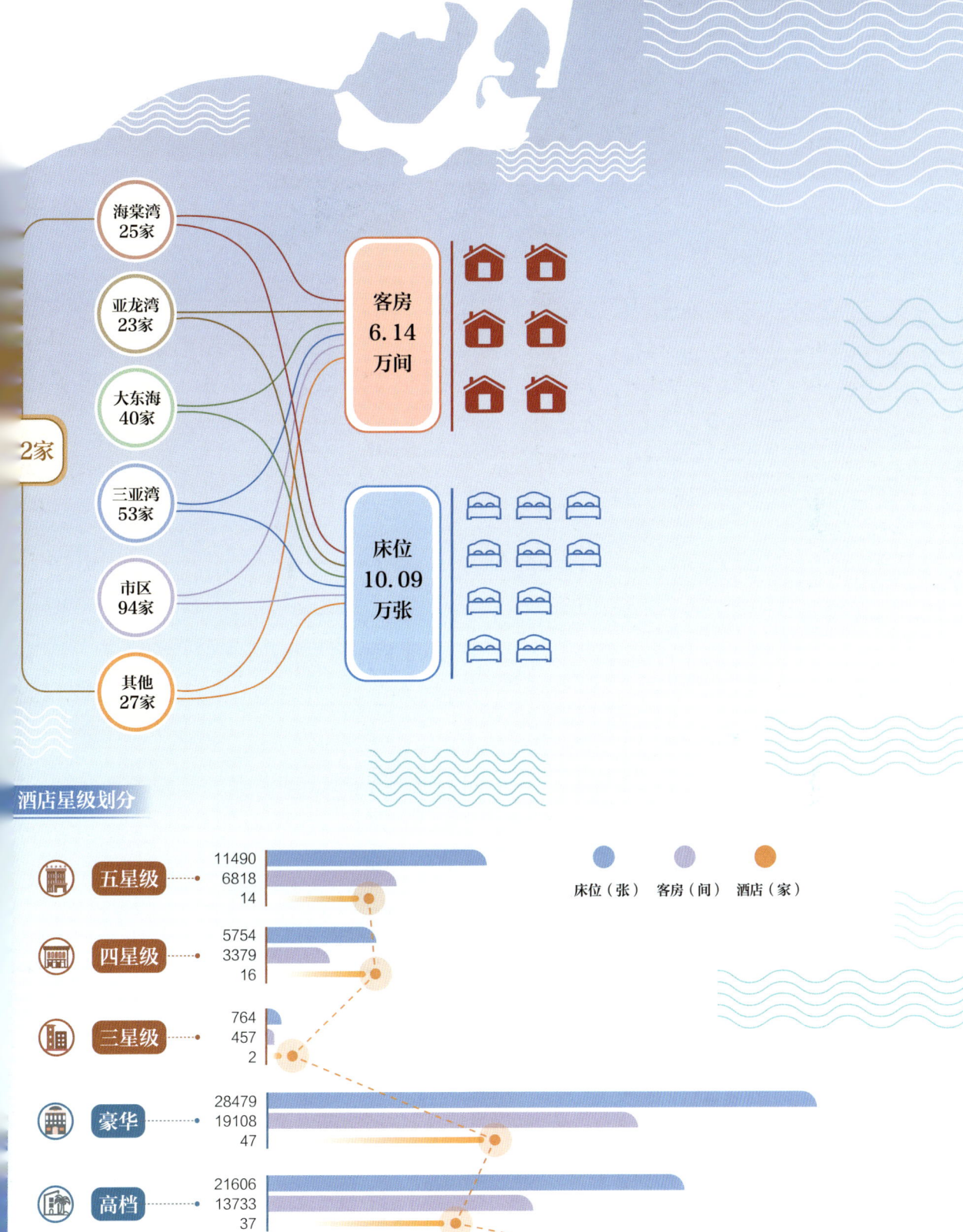

区域	家数
海棠湾	25家
亚龙湾	23家
大东海	40家
三亚湾	53家
市区	94家
其他	27家

客房 6.14 万间

床位 10.09 万张

酒店星级划分

星级	床位（张）	客房（间）	酒店（家）
五星级	11490	6818	14
四星级	5754	3379	16
三星级	764	457	2
豪华	28479	19108	47
高档	21606	13733	37
其他	31284	17115	141

物产美食

[海洋馈赠
天然温室
珍馐美味]

海洋馈赠

三亚海域宽阔，有着非常丰富的海洋资源，著名的"崖州三珍"（鲨鱼翅、海参、石斑鱼）在很长一段时间里都是山珍海味中的上品。出于生态保护的考虑，曾名列三珍之首的鲨鱼翅如今已鲜见于餐桌。而海洋带来的另一珍贵礼物——珍珠，也为三亚赢得了极高的声誉。

海参

为"海产八宝"之首的海参喜欢栖息于透明度好、盐度高的海域，三亚各港湾岛屿都能见到其踪影。海参营养丰富，是一种高蛋白、低脂肪、低胆固醇的高级名贵海产品。海参食法多种多样，或烧、或烩、或炖，尤拌以鲜蛋同炒最为上口。三亚和西沙、中

葱爆梅花参

海参

沙、南沙群岛海域盛产的海参有梅花参、花刺参、黑乳参、红腹参、辐肛参等。其中梅花参是海南省独有,产自南海海域,个头较大,色彩美丽。梅花参不仅营养价值高,而且十分敏感,是海水环境的天然"试剂"。它因水温、水质受到刺激而腐烂时会自动排出脏器,然后选择良好环境重生。红烧梅花参是三亚的一道名菜,其主料为水发梅花参,主要配料有油菜和百灵菇等。把泡发后的梅花参从中间切成两半,用开水烫透,然后将水控净,再配上新鲜的百灵菇和油菜红烧,味道嫩滑,鲜甜无比,食者能感受到来自热带海洋的精华与来自森林的灵气在舌尖相遇缭绕。

清蒸石斑鱼

石斑鱼

石斑鱼是一种低脂肪、高蛋白的上等食用鱼。石斑鱼种类很多，有海红斑、东星斑、西星斑、泰星斑、豹星斑、老鼠斑、老虎斑等。三亚石斑鱼以老虎斑为主，老虎斑生长在水质纯净的南海海域，除含有人体代谢所必须的氨基酸外，还富含多种无机盐和铁、钙、磷以及各种维生素。由于石斑鱼经常捕食海底的虾蟹，体内也摄取了一些虾青素，具有一定抗氧化功效。其鱼皮含有丰富的胶原蛋白，让石斑鱼成为美容珍品，被称为美容护肤之鱼。石斑鱼做法多样，清蒸、红烧、煲汤，每一款都能给你带来独特的舌尖享受。吃海鲜，以"鲜"为上，清蒸石斑鱼能最大程度上还原石斑鱼的原汁原味，于是成为三亚海鲜宴必吃的一道地道菜品。

南海珍珠

南珠之冠

海南在古代就以盛产珍珠而著称。据史料记载,西汉元封元年(公元前110年),汉武帝在海南岛置珠崖、儋耳两郡。《汉书》记载:"二郡在大海中,崖岸之边出真珠,故曰'珠崖'……"三亚,旧时属于珠崖郡管辖,拥有得天独厚的自然环境,珍珠文化已逾千年,源远流长。

三亚属于热带海洋性季风气候,合适的温度、盐度、湿度为珍珠贝的生长与繁殖提供了得天独厚的生态环境。世界上经济价值最高的四种贝类(马氏珠母贝、白蝶贝、黑蝶贝、企鹅珍珠贝)三亚都有。

我国自古以来就有"东珠不如西珠,西珠不如南珠"的说法,这里的"南"主要指的是海南和广西的北海。而海南的极品珍珠多出自三亚、陵水一带,享有"海南一宝""南珠之冠"的美誉。

海南一直是国内海水珍珠研发的前沿基地，中国现代海水珍珠的科研就是起步于三亚。1965年年底，海南创办了第一家珍珠养殖场——海陵珍珠养殖场。1979年，中国科学院南海海洋研究所在三亚鹿回头半岛创立了海南热带海洋生物实验站，承担了一系列重点海洋生物和生态科研任务，并在国内最早开展了海水珍珠养殖研究和探索，取得了丰硕的研究成果。原国家水产总局和中国水产科学研究院，陆续在陵水和三亚成立珍珠养殖实验站，将此作为两个研究机关的基地。随着近几十年的发展，三亚已经成为中国乃至全世界最具珍珠生产潜力的地区。

探索海洋生物

近年来，随着度假旅游市场规模的不断扩大，海南成为国内最大的珍珠零售基地，而三亚也成为国内最重要的珍珠零售市场之一。三亚珍珠产业在珍珠旅游文化的挖掘、产品用途的开发、时尚设计、品牌打造方面均居全国珍珠行业前列。三亚又开始了新一轮珍珠产业的探索，三亚珍珠产业已经开拓视野，以细分市场为导向进行珍珠饰品的品牌升级，开展珍珠饰品新款式和珍珠文化的研究，不少企业建起了集珍珠科研养殖、珍珠饰品设计加工、珍珠系列产品销售于一体的珍珠产业链。

三亚南山旅游区售卖的珍珠饰品

天然温室

得益于得天独厚的条件，三亚物产丰饶，被誉为"天然温室"。我国著名的冬季瓜菜生产基地和南繁育种基地就坐落在三亚这片神奇的沃土上。这里适宜种植各种农作物，尤其是热带作物。主要农作物有水稻、番薯、甘蔗等；主要热带作物有橡胶、椰子、槟榔等；主要水果有香蕉、芒果、菠萝、菠萝蜜、木瓜等。此外，引种的热带作物还有油棕、胡椒、咖啡、腰果、剑麻、香茅、可可等；引种的热带水果有29个科53个属，为世界罕见。

三亚市高度重视"菜篮子"工作，建立了面积广大的常年蔬菜生产基地，并与广东、山东、云南、湖南等省的大型蔬菜基地建立了长期合作关系。同时，为让基地蔬菜直接进入销售终端，组织了多个平价蔬菜联盟企业，建立众多平价市场网点，分布在超市、农贸市场和社区等地，努力提高食品质量安全水平，保障市民和游客的"餐桌安全"。

此外，三亚在发展南繁育制种产业方面拥有无可比拟的优势。所谓"南繁"，指的是农作物南下育种，这样平均育种时间可缩短1/3甚

"杂交水稻双季亩产3000斤"项目第二块试验地迎来测产

至1/2。三亚等地区因为得天独厚的气候条件可以实现农作物的加代繁殖，成为农业育种的加速器。

习近平总书记指出："国家南繁科研育种基地是国家宝贵的农业科技平台，一定要建成集科研、生产、销售、科技交流、成果转化为一体的服务全国的'南繁硅谷'。"南繁基地，一直不负众望。全国农作物品种有80%都经过南繁选育，其中位于三亚市崖州区的500亩国家南繁基地是国家稀缺的、不可替代的战略资源，是国家科研育种公共服务的重要平台，同时也是现代种业科技创新的前沿阵地。

20世纪70年代，"世界杂交水稻之父"袁隆平正是在三亚培育出了

稻花飘香

享誉世界的杂交水稻，为端牢中国饭碗作出重大贡献。

2017年，三亚海棠湾的南繁规划核心区被建成水稻国家公园，以探索南繁小镇建设与休闲观光旅游区建设相结合的产业模式。通过对水稻公园的升级改造，海棠区2000多亩（约合133.33公顷）田地成为融农耕乐趣、农庄休闲、亲子慢游、南繁科研为一体的农旅融合游览体验区。

2018年，三亚开始打造"南繁硅谷"，高标准建设了10万亩国家南繁科研育种基地、1.5万亩南繁科研育种核心区，同时启动南繁科技

菠萝

城、南繁国家重点实验室、南繁协同创新中心的建设,把国家南繁基地建成集科研、生产、销售、科技交流、成果转化为一体的服务全国的"南繁硅谷"。

2019年4月11日,国际水稻论坛在三亚开幕,来自18个国家的水稻专家会聚一堂,当时年近九十的袁隆平院士也亲自出席了这次论坛。如今,接力棒传到了新一代南繁人手中,他们带着对农业的热爱,在南繁基地深耕,带领南繁基地走向更开阔的未来。

珍馐美味

三亚的魅力，不仅仅在于迷人的海岛风光，美食的诱惑也不容小觑。三亚美食新鲜天然奇特丰富，有着独特的三亚味道，能让游客在离开后，仍回味无穷。

三亚海鲜火锅

三亚美食最令人着迷的当然是海鲜，三亚海鲜火锅是美食首选。三亚是海水养殖的黄金海域，拥有约1.6万平方千米渔场和约2.7万亩海滩滩涂，鱼、虾、蟹、螺、贝各种海鲜应有尽有，品种丰富且鲜活美味。

三亚吃海鲜，重在一个"鲜"字，不仅食材要新鲜，做法上更是力求保持原汁原味。三亚海鲜火锅即以海鲜为主要食材，用火锅的方式烹饪。三亚海鲜火锅的烹调方式号称"裸烹"，这种做法是尽量少用各种调味料，以保持海鲜原有的风味。一个大锅里煮着清汤，锅底仅入姜片、蒜苗等自然调味品做点缀，选用上等的海鲜食材投入清汤，亲朋好友们围炉而坐，闲谈的间隙，海鲜的诱人香味就已经窜出来，让人食指

三亚海鲜火锅

大动。咕噜咕噜的沸腾声,是最美妙的呼唤,用勺子捞起海鲜,在由生抽、蒜泥、海南特有的什锦酱和青柠檬汁制成的蘸汁里点一点,即可大快朵颐,鲜美至极!从此你会恋上"裸烹"的美味。

吃海鲜火锅不局限于商场、美食街、大排档等地,若有条件,也可以在家吃。早起去海鲜市场,精心挑选新鲜的海鲜,回家与心爱的人一起共享美食,亦是美事。

槟榔花炖鸡

槟榔花炖鸡,据说在三亚已经有几百年的历史了,源头已经很难追溯,但美味却一直挂在三亚人民的舌尖。这道菜还被评选为"三亚十大名菜"之一,可见其地位。三亚盛产槟榔,目前种植面积达6万多

槟榔花炖鸡

亩，人们喜欢在槟榔树下散养土鸡，尤其以五黑鸡著名。所谓"五黑鸡"，即土鸡的羽毛、皮、肉、内脏、骨头都是黑的。据《本草纲目》记载，五黑鸡对慢性营养不良性水肿、肝炎、胃炎等疾病有显著疗效。《本草纲目》还记载，槟榔花具有抗炎降脂、抗衰老除疲劳的作用，素以"长寿食品"和"微型营养库"著称，经常食用有清火戒躁、保健调养的功效。所以，槟榔花和五黑鸡的结合，在三亚人民的智慧操作下，一道颇具特色的药膳便产生了。

海南很多菜肴追求"新鲜原味"，这道槟榔花炖鸡亦如此，烹饪时不需要放太多的佐料，汤底只需用清水即可。最关键的一步是，当鸡煮到七分熟的时候，就放入槟榔花，再经过20多分钟的炖煮，清香四溢的槟榔鸡就可以出锅了。槟榔花的鲜香与紧实的鸡肉相结合，美味口感与保健养身兼得，简直是一场完美的味蕾享受。

苗族五色饭

苗族五色饭

  五色饭是海南各市县苗族人民的传统小吃，因有红、黄、蓝、白、黑五色得名。过去每逢农历三月初三或其他苗族传统节日，苗族人家才会制作五色饭宴客，所以在平常的餐厅难得一见。但如今，随着时代的变化，苗家五色饭渐渐地演变成三色饭，在不少具有苗族特色的餐馆亦可见三色饭的影子。三色饭，有红、黄、黑三色，分别取色于新鲜植物红葵、黄姜和三角枫，或是红蓝藤叶、黄姜和桑叶。

  三色饭健康美味，但制法方法较为繁琐。制作过程为：先将三种植物用水浸泡两小时，黄姜要捣烂，挤液浆，加入温水浸出黄色。待染色植物泡出颜色后，将山兰米淘净滤出水分，分成三等份，分别放入三种不同颜色的色液中，浸泡八小时染上颜色，将米捞出滤干水分。然后把三种颜色的山兰米分别上笼隔水蒸，约一个半小时蒸熟后取出，放入盛饭容器，颜色鲜艳夺目的三色饭就完成了。三种天然颜色相映成趣，饭团绵软，带有植物的清香。三色饭既有浓浓的苗族风味，又给食客们带来了别致的美食体验。

荔枝沟鹅肉

相传在今荔枝沟东岸村以西一片方圆十多里的开阔盆地中，盛产水荔枝，其肉白如脂，甘甜多汁，荔枝沟因此得名。这里土地肥沃，雨量充沛，地势平坦，但后来由于人口繁衍快，外来人口迁入多，人们便把荔枝树砍掉，变荔园为水田，故现在的荔枝沟徒有空名。如今，谈及荔枝沟，最令人印象深刻的无疑是落笔洞遗址；而在食客心中，却有另

荔枝沟鹅肉

一个坐标，那就是荔枝沟鹅肉。这道菜，曾在2009年举行的"美味三亚·美食盛典"评选活动中，位列"三亚十大名菜"之首，从此声名远扬。荔枝沟鹅肉，是用三亚荔枝沟散养的农家鹅制作而成的一道菜肴，其肉质鲜美，深受三亚人民和游客的喜爱。其做法通常有白切、红烧、干煸等，但大多数当地人比较喜欢白切。这些鹅体形匀称，没有肥肉，肉质筋道。把鹅宰杀洗净，加入秘方将肉腌制2小时，然后将整鹅放入冷水中煮到9成熟，切块上碟，再辅以秘制蘸酱，自有风味。

羊栏酸鱼汤

许多人都熟知羊栏是回族聚居地，但大多数人却不知道羊栏还有一道著名美食——羊栏酸汤鱼。

羊栏酸鱼汤

羊栏酸鱼汤据说是由三亚疍家人首创，后经当地回族群众发扬光大。一个简朴的不锈钢盆里盛着酸鱼汤，看起来其貌不扬，但若尝一口，便会被这惊艳的味道所征服：鲜中带酸，酸中有些甜，令人胃口大开。2009 年，在"美味三亚·美食盛典"评选中，羊栏酸鱼汤入选"三亚十大名菜"，从此在三亚美食界也拥有了不可撼动的地位。

其实做酸鱼汤的食材很简单，选用新鲜的海鱼做原料，主要配料为杨桃、酸豆、西红柿及佐料若干。做法也简单：加入清水、海鱼、杨桃、酸豆、西红柿，放少许油，煮 10 分钟，加入黄酒、白胡椒粉、少许醋和生抽，盖上锅盖继续煮 5 分钟，一道诱人的酸鱼汤就可上桌了。嫩白的鱼肉，红色的番茄，黄色的杨桃，绿色的葱、香菜，把一盆酸汤鱼装点得特别诱人。

你若来到三亚，不妨去尝一下这久负盛名的羊栏酸鱼汤。

港门粉

海南人爱吃鸡，也爱吃粉，比如文昌的抱罗粉、万宁的后安粉、陵水的酸粉、儋州的米烂……都是很多食客舌尖上的牵挂，三亚港门粉亦如此。港门原是三亚的一个海滨小镇，又称保港镇，位于三亚宁远河的出海口，自古以来就是三亚最重要的渔港之一，现并入崖州区（原崖城镇）。据《崖州志》记载，港门人以打鱼为生，其饮食自然和海鲜紧密相关，一碗港门粉便是港门人饮食的缩影。

一碗正宗的港门粉，主料必须是纯手工蒸制完成的米粉，辅料有外酥里嫩的鱼饼片、香脆的炸花生、酸得到位的腌菜、爽口的豆芽、嫩绿色的葱花等。每碗港门粉都离不开的"魂"便是鱼饼，鱼饼用港门海域的马鲛鱼制作，口感紧实有弹性，具有浓郁的鱼香。不同的店家还会

港门粉

再加些许别致的辅料，如炸虾皮、虾饼、炸肉块、白花菜等。汤底大多由海鱼、猪骨或海螺熬成，醇厚鲜甜，浅抿一口汤，嗦一口粉，吃一口各种辅料，别提有多美味了！喜欢吃辣的人，亦可配上一勺海南特有的黄灯笼辣椒。早晨来一碗港门粉，一天元气满满。

红糖年糕

红糖年糕，褐色，外形简朴，通常被切成砖块状码在盘子里。一般游客，乍看一眼，都不会对之产生食欲。但对海南人来说，它可是不能忘却的美味，黏牙绵甜，总会让人想起无忧无虑的甜蜜童年。年糕又称"年年糕"，与"年年高"谐音。每逢过年，做屋升梁，男娶女嫁，生子弥月做晬岁，海南人的家里都会做年糕。做好的年糕，因为风俗习惯，会先在家中放上一两日，才食用。

海南的红糖年糕通常是由糯米和红糖做成，不像其他地区有红枣等辅料做点缀。年糕做大做小，没有标准。其做法通常是：一是将糯米粉过筛备用；二是把新鲜芭蕉叶洗净抹干，裁剪成跟圆形模具匹配的尺寸；三是将适量的红糖放入清水煮溶，放凉备用；四是将红糖水慢慢加入糯米粉里，搅成面糊状；五是在模具内部铺上芭蕉叶，涂上油，以防熟后粘叶，芭蕉叶要高出面糊一半，以备面糊蒸的时候发涨；六是往模具导入面糊，蒸2～3小时，一筐红糖年糕就大功告成了。

最神奇的是年糕的切法，因为太黏，不能用刀，而是用线。一端用嘴咬着，一头把年糕圈住，一拉，年糕就被"割"开了。若是喜事，那就要用红线来"割"。

红糖年糕

南山素斋

南山是三亚的佛门福地，108米高的海上观音塑像让南来北往的游客印象深刻，同样，南山素斋也通过食客们的口耳相传，被誉为天下一绝。其中南山素斋鱼更是集聚了南山素斋美食的精华，位于"三亚十大名菜"之列。素斋鱼以大豆为食材，素鱼切片，加入笋片、香菇片、蘑菇片翻炒便可出锅装盘，口感和味道极佳。

南山素斋集寺庙素斋之精华，融宫廷素斋和民间素斋之风格于一体，兼纳南北地方风味，结合三亚地方特色，将三亚野菜、芋类、野生菌、特色蔬菜瓜果等食材纳入素斋，运用现代烹饪工艺，形成了独特的南山饮食系列与素食文化，为食客们打造了独具特色的舌尖上的朝圣之旅。

南山素斋木瓜狮子头

南山素斋

秘汁烤鲜蘑

梅菜扣肉

佛家锦囊

锦盒拼虾球

南山素斋已形成一百多种菜品,有"南山酸豆鱼""木瓜狮子头""罗汉斋""佛家锦囊""金丝芋球""香油鳝丝""干烧鲈鱼""清炒冬虫草"等各种仿荤菜式,制作考究,不仅富含营养,而且口味极佳,备受食客青睐。南山素斋已成为我国素斋的知名品牌,被评为"中国名宴"并获"金厨奖",已被指定为海南省国宾接待菜系。

藤桥排骨

在2009年举行的"美味三亚·美食盛典"评选活动中,藤桥排骨入选"三亚十大名菜"。藤桥排骨在入选前,早就在三亚海棠湾飘香30多年了。尽管三亚市区一些海南菜餐厅也有藤桥排骨提供,但老饕们都认为,海棠湾藤桥朱家的才为正宗。藤桥排骨这道特色菜的创始人是朱征义。在20世纪70年代,拥有一手好厨艺的朱征义就已是当地有名的厨师了,1983年,他开设了一间小平房的店面,主营炸排骨。后来随着三亚旅游产业的大发展,朱征义的炸排骨也开始声名远播,朱家就申请注册了"藤桥排骨"商标,也临街开设了朱家酒店,于是"藤桥排

藤桥排骨

骨"便成为众多食客来三亚必驱车前去品尝的美食。

藤桥排骨取材自藤桥本地农家自养土猪，只选那些外表没有血淤黑点、色泽光亮的新鲜排骨。排骨买回来，要将赘肉和肥肉仔细剔除，切成大小合适的排骨块。接着用盐、蜂蜜、胡椒、味精、姜葱酒等十多种调料腌制入味，再放入锅内用油炸。

一盘排骨出锅，色泽诱人。因为用蜂蜜腌制过，味道咸中带着淡淡的甜，入口酥脆。吃上一块，那排骨的余香，在唇齿之间久久不散，实在是一大享受。

疍家咸鱼腩肉煲

疍家咸鱼腩肉煲是一道美味可口的传统名肴，"三亚十大名菜"之一。疍家，是一种以船为家的渔民，被称作"水上人"或疍家人。

疍家人世世代代生活在海上，大海给予了他们各种各样的海鲜食

疍家咸鱼腩肉煲

材,聪明的疍家人用自己的方式将海鲜食材变成各种各样的美味与食客共享。打边炉、咸鱼煲、炸鱼干、炸鱼饼、鱼酱、虾酱等,各种令人惊叹的菜肴和酱料都在疍家人的美食之列。

尤其令食客念念不忘的是疍家咸鱼腩肉煲。这道菜的主料是咸鱼干和五花肉。咸鱼干是疍家渔民将捕到的上好的鱼(多以红鱼为主要材料)放在船的甲板上晒成的,无任何人工添加剂。五花肉是从市场上选最新鲜的优质猪肉。上等咸鱼干和优质五花肉,在砂煲中慢慢焖,两者互相作用,咸鱼干的咸香不断渗入五花肉,五花肉的油脂则浸润了风干的鱼块,鱼肉肥美,带着些许嚼劲,五花肉软绵咸鲜,味道浓郁,再加入姜片提鲜提香,以葱调味,实在太撩拨味蕾了。

安游夜光螺

安游距离三亚市区20多千米,也像三亚其他的海边小镇一样,云集了各种深海鱼类贝类螺类,故很多食客路过安游,总会不自觉地停下车,尝一尝安游的海鲜。安游夜光螺,便是其中一道鲜美的珍馐。

夜光螺产自安游近海,是一种既神奇又美味的野生海鲜。夜光螺生活于热带海域的潮下带数米至数十米的岩石及珊瑚礁的浅海底,因在黑夜中会发光,故得此名。在2009年举行的"美味三亚·美食盛典"评选活动中,安游夜光螺入选"三亚十大名菜"。

夜光螺外表平常,肥美的肉藏在壳子里,若不经过烹饪,一般人都想象不出它有多美味。最好的做法当属爆炒。安游夜光螺在爆炒前要先将螺用开水焯至半熟,再将螺肉挑出,配以尖椒和特制的辣酱加以爆炒即可。

谁也想不到,简单的螺肉遇到青椒和酱料会产生如此美妙的香味

酱爆安游夜光螺

反应，令人垂涎三尺。刚炒好的夜光螺，微辣中却不失海螺肉的鲜美，螺肉爽脆中又带有一股韧劲，浓郁的酱香久久弥漫于口中。

海棠湾湾坡鸭

湾坡村，位于海棠区的西南部，是一个黎族村庄、革命老区，也是国家海岸休闲园区海棠湾的门户，因特色种养业而出名。湾坡村面海环山，有天然形成的温泉。近年来，在美丽乡村建设中，当地村民因地制宜，根据"一村一品"的思路，成功打造出了"湾坡鸭"这样响当当的美食品牌，使得食客们尝到了三亚更加美味的鸭肉。

湾坡鸭通常被放养在田间、湖边、果林下，以螺、稻谷、虫子为食，在自然生态下健康成长。一道好吃的湾坡鸭，在选鸭、烹制、配料等方面非常讲究，3个月且重量7斤以上的湾坡鸭通常是上上选，这样的鸭子肥瘦相宜，肉质紧实，不柴不老，口感极佳。相比起爆炒、熏烤、炖煮等烹饪方式，白切湾坡鸭是最受欢迎的做法。往锅中注入清水，待水烧沸，将处理好的鸭子整只放入水中煮熟，即可取出，斩块码在盘子里。用沙姜、鸭汁、小青桔、酱油、生菜等调成独具海南风味的蘸料，夹一块鸭肉，在料盘里轻轻滚上一圈，然后咬上一口，鸭肉被酱料衬得鲜嫩无比，醇厚的鸭肉中，带有些许青桔的清新酸味，特别解腻。

南田杧果

杧果在三亚的种植有近千年的历史，在《崖州志》中就有"树高丈余，子极繁，大如鸭蛋"这样的记载。三亚杧果曾获过国家地理标志商标、海南省著名商标，入选过中国特色农产品优势区名单、中国农业品牌目录。而南田杧果就是三亚杧果的重要主角。

海南神泉集团南田农场地处三亚、保亭、陵水一市二县交界处，依山傍水，有着肥沃土壤和优质的水源。这样的风水宝地，滋养出来的杧果种类丰富，鲜美多汁，软绵香甜，含有丰富的蛋白质、维生素及多种有益健康的氨基酸。2000年、2003年南田"神泉"牌系列杧果中的台农一号杧果和贵妃杧果先后被世界粮农组织和中国果菜大赛组委会评为"中国果王"和"中国果后"；2002年1月，南田农场杧果基地被海南省农业厅确定为海南省无公害瓜果菜生产基地；2004年11月，南田农场杧果基地和杧果先后被农业部（现农业农村部）确定为无公害农产品示范基地和无公害农产品。

每年3月，杧果进入成熟季节，万亩杧果园里的杧果树上都挂满了黄灿灿的沉甸甸的杧果，丰收的喜悦洋溢在果农的脸上，甜滋滋的味道流淌在食客的舌尖，令人加味无穷。

海南自贸港建设中的三亚

> 自贸港建设稳步推进
> 经济高质量发展迈出新步伐
> 脱贫攻坚目标任务全面完成
> 生态文明建设成效显著
> 民生福祉持续增进

自贸港建设稳步推进

海南自由贸易港

三亚在海南自贸港建设中打造新标杆，落实全面深化改革开放"1+N"政策体系和自贸港建设早期安排，先导性项目建设取得阶段性成效。《海南自由贸易港三亚崖州湾科技城条例》发布实施，深海科技城、国家南繁科研育种基地、全球动植物种质资源引进中转基地等重点项目有

三亚国际免税城

序推进，11项案例入选海南自贸港制度创新案例。营商环境进一步优化，2020年7月1日离岛免税新政实施以来，免税商品销售额呈现强势增长，销售金额150.8亿元，同比增长195.8%。落实企业所得税、个人所得税优惠和原辅料"零关税"等政策，推动要素加快集聚，2020年全市新增企业2.4万户，同比增长82.2%，新设立外资企业158家，同比增长163%。

零关税

崖州湾科技城夜景

经济高质量发展迈出新步伐

三亚围绕投资、消费、招商、产业园区、"三农"工作等方面推出41条超常规措施，充分发挥自贸港政策优势，建设现代产业体系，推动经济高质量发展。2020年全市

GDP、地方一般公共预算收入、社会消费品零售总额分别完成 695.4 亿元、110.4 亿元、381 亿元，"十三五"期间年均分别增长 6.4%、8.2%、10.1%，三次产业结构调整为 11.4∶16.3∶72.3，第三产业占 GDP 比重较 2015 年提高 4.9 个百分点。

车水马龙

脱贫攻坚目标任务全面完成

三亚全面落实"三不减三提高三加强"要求以及"两不愁三保障"和饮水安全等扶贫政策,产业扶贫、就业扶贫、消费扶贫扎实有效,扶贫"造血"能力不断提升,

"十三五"期间实现全市 8 个贫困村脱贫出列，累计脱贫 4939 人，贫困发生率降至 0%。扎实推进脱贫攻坚与乡村振兴战略衔接。全面铺开美丽乡村建设，17 个行政村获评省级星级美丽乡村，西岛社区、博后村等 5 个村（社区）获评五星级美丽乡村，"乡村游"成为新名片。

脱贫攻坚

美丽乡村——博后村

生态文明建设成效显著

"厕所革命"

贯彻落实习近平生态文明思想,深入推进生态环境六大专项整治和农村人居环境整治,全面实施河(湖)长制、湾长制,扎实推进"厕所革命",坚决拆除"两违"违法建筑。建立环境污染"黑名单"、环境信用评价、环境监

三亚推进建设森林城市

察执法等制度，启动国家和省级森林城市建设，入选全国首批"无废城市"建设试点城市。2020年全市空气质量优良天数比例达98.6%，PM$_{2.5}$平均浓度下降至11微克每立方米，地表水水质优良比例为91.7%，近岸海域海水监测达标率100%，森林覆盖率69%。

森林覆盖率达
69%

民生福祉持续增进

民生保障

三亚持续保障和改善民生，切实解决好养老、托幼、收入、教育、医疗、住房、物价等群众最关切的民生问题。2020年全市城镇、农村常住居民人均可支配收入分别为40547元、18389元，"十三五"期间年均分别增长7.1%和8.5%，在海南省率先实现城乡低保标准一体化和特困人员救助供养待遇一体化。大力引进优质教育和医疗资

迎接生命

源，公办园在园幼儿占比 51.9%，普惠性幼儿园覆盖率达 91.5%，人大附中三亚学校、上外三亚附中建成开学；国家城市医联体建设试点取得显著成效，81 个基层医疗机构标准化建设项目竣工，教育和医疗卫生水平不断提升。市体育中心加快建设，开工建设各类保障性住房 11843 套，建成分配 8369 套，完成棚改任务 35505 户。"创文巩卫"工作扎实开展，成功举办海南岛国际电影节、三亚国际音乐节等国际文化体育赛事和论坛活动，人民生活品质不断提升。

医疗服务

教育水平不断提升

"十四五"发展蓝图

> 加快形成高水平开放格局
> 加快构建现代产业体系
> 加快推进文明城市建设
> 加快建设国家生态文明示范市
> 加快提升人民生活品质

加快形成高水平开放格局

三亚对标国际高水平经贸规则,分步骤、分阶段实施贸易自由便利、投资自由便利、跨境资金流动自由便利、人员进出自由便利、运输来往自由便利和数据安全有序流动政策,落实"零关税、低税率、简税制"等制度安排,主动服务和融入国内国际双循环。大力推进制度集成创新,深化改革目标集成、政策集成、效果集成,持续增强发展

贸易自由便利、投资自由便利

动力和活力。立足三亚特色，突出重点领域，落实"非禁即入"，创新开展招商引资。打造一流营商环境，精简行政审批事项，深化"双随机、一公开"市场监管体制改革，完善社会信用体系，建立健全以信用监管为基础、与负面清单管理方式相适应的过程监管体系。力争在"十四五"时期，初步建立以贸易自由便利和投资自由便利为重点的自贸港政策制度体系。

"双随机、一公开"

海棠湾国际免税城

加快构建现代产业体系

加快建设国际旅游消费中心核心区

三亚把握国家加快构建以国内大循环为主体、国内国际双循环相互促进新发展格局的战略机遇，打造千亿级旅游产业，加快建设国际旅游消费中心核心区。以崖州湾科技城等园区为载体，推动以南繁科技、深海科技、航天科技、数字科技为核心的高新技术产业突破发展，加快布局无污染的高新技术制造业。培育壮大金融服务、国际会展、

华灯初上

健康产业、教育产业、国际设计、现代物流、生态环保等现代服务业。着力打造热带特色高效农业王牌，推动农业规模化、产业化、品牌化发展，提高农业质量效益和竞争力。力争在"十四五"时期，经济增长速度位居全省前列，人均GDP迈入高收入地区行列，旅游业、现代服务业、高新技术产业、热带特色高效农业四大产业加快发展，作为海南省经济发展第二增长极的地位和作用更加凸显。

打造热带特色高效农业王牌

加快推进文明城市建设

三亚大力培育和践行社会主义核心价值观,深入实施公民道德建设工程,拓展新时代文明实践中心建设,深入推进社会文明大行动,持续开展五大文明创建活动。加快推进市体育中心、市文化中心等公共文体设施建设。扩大文化交流合作,办好海南岛国际电影节、三亚国际音乐节

加快公共文体设施建设

等品牌活动，提升城市美誉度和影响力。深入开展民族团结进步创建工作。力争在"十四五"时期，人民思想道德素质、科学文化素质和身心健康素质明显提高，公共文化服务体系和文化产业体系更加健全，人民精神文化生活日益丰富，城市文化魅力进一步彰显，文化软实力显著提高，建成全国文明城市。

建设全国文明城市

建设中的三亚体育中心

加快建设国家生态文明示范市

三亚深化"多规合一"改革,强化国土空间规划和用途管控,持续优化三亚"中优、东精、西拓、北育、南联"的空间布局。实行最严格的生态环境保护制度,不断完善生态环境质量巩固提升机制和以绿色发展为导向的评价考核体系。探索试行生态环境损害赔偿制度,实行问题追溯和责任终身追究制。加快实施重要生态系统保护与修复工

"中优、东精、西拓、北育、南联"

"南天一柱"石

程。做好碳达峰、碳中和工作，开展新一轮国土绿化行动，提升生态系统碳汇能力。高标准完成中央环保督察和国家海洋督察反馈问题整改，持续开展生态环境六大专项整治。

力争在"十四五"时期，生态文明制度体系更加完善，国土空间开发保护格局持续优化，生态环境基础设施建设全面加强，生产生活方式绿色转型成效显著，资源配置更加合理、利用效率大幅提高，生态环境质量持续提升，城乡人居环境明显改善，成为国家生态文明建设生动范例。

开展生态环境六大专项整治

生态绿道

加快提升人民生活品质

"房子是用来住的、不是用来炒的"

坚持将自贸港建设红利更多、更公平地惠及全体人民。千方百计稳定和扩大就业，推动教育高质量发展，加强医疗卫生机构和公共卫生防控救治体系建设。强化"菜篮子""米袋子"主体责任，多措并举保供稳价。坚持"房子是用来住的、不是用来炒的"的定位，促进房地产市场

平稳健康发展，建立多主体供给、多渠道保障、租购并举的住房制度。力争在"十四五"时期，城乡居民人均可支配收入达到全国中上等水平、位居海南省前列，基本公共服务均等化水平明显提高，多层次社会保障体系更加健全，全民受教育程度不断提升，卫生健康体系更加完善，乡村振兴战略全面推进。

乡村振兴

城市湿地公园

附 录

《中国国家人文地理·三亚》分卷部分图片提供（按姓氏笔画排列）：邓建凤、杨威胜、杨苑、张阔、陈文武、陈行飞、陈所钦、林玉梅、袁永东、高克华、黄一鸣、符策君、符彬、符席贞、游必生、蒙明珠等

责任编辑：张　娴

复　　审：卜庆华　陈书香

终　　审：陈　宇

整体设计：方　芳

设　　计：风尚境界　周怡君

地图编绘：封　宇　风入松文化

信息图表：风入松文化　周怡君　风尚境界